若者が考える「日中の未来」vol.8

ポストコロナ時代における 中国オンラインツアー 産業の現状と展望

―第 10 回宮本賞 受賞論文集―

元中国大使
宮本 雄二 監修　日本日中関係学会 編

日本僑報社

まえがき

　日本日中関係学会（会長：宮本雄二元中国大使）は、2012年から毎年、「宮本賞（学生懸賞論文）」を募集してきました。本書では、2021年度に募集した第10回宮本賞の受賞論文13本中、12本を全文掲載し、皆様にお送りします。

　第10回宮本賞では、「学部生の部」で43本、「大学院生の部」で25本、合計68本の応募があり、第9回の69本とほぼ同程度の応募本数となりました。過去最多の87本の応募があった第8回と比べ、応募数は減少傾向を示していますが、一昨年来、収束の兆しを見せないコロナ禍にあっても、宮本賞に応募してくださった皆さんのチャレンジ精神に敬意を表したいと思います。

　宮本賞は、「若い世代の皆さんが、日本と中国ないし東アジアの関係に強い関心を持ち、よりよい関係の構築のために大きな力を発揮していただきたい。また日中関係学会の諸活動に積極的にご参加いただき、この地域の世論をリードしていってもらいたい」。そのための「人材発掘・育成」を目的として2012年に設立され、今年、10回目の節目の年を迎えます。論文集の刊行も8冊目となります。

　この間を振り返りますと、論文応募総数は543本、受賞作品総数は127本に及びます。論文はチームで作成する場合もありますから、宮本賞の応募者総数は優に600名を超えるでしょう。募集要項では、「論文の最後の部分で、論文内容がこれからの日中関係にどのような意味を持つか、提言も含めて必ず書き入れること」と定めています。よって、これはこの10年間、600名以上の若者たちが、自らの論文作成を通じて真剣に両国の関係を考え、提言を行ってきたということに他なりません。

　米中対立の激化などにより、国際情勢はここ数年来、かつて例を見ないほど混迷し、不安定化の様相を呈しています。日中関係も例外ではありません。経済的には互いに大きく依存し合う関係でありながら、1970年代〜80年代の単純な「日中友好ムード」は影を潜めて久しく、軍事面のみならず、経済的な安全保障や、人権などの要素も加わり、事態はますます複雑化していると言ってよいでしょう。

　このような時代に、わたしたちはいかにしてより良い両国関係を築いていくことができるのでしょうか。ともすれば、忙しい日常生活の中で、巷にあふれるメディアなどの論調に流され、引っ越しできない大切な隣国同士であ

る日中関係について、深く考える人は残念ながらそう多くはないのではないでしょうか。そのような方たちに、是非、この論文集を手に取っていただきたいと思います。若い世代が、よりよい両国関係構築のために知恵を絞った数々の提言の中に、必ずや貴重な手がかりを発見されることと思います。それと同時に、宮本賞が、若い皆さんに対して、日中関係を真剣に考えるきっかけの一つとなったことに、大きな喜びを感じるものです。

　10年間の歩みを別の角度から振り返ってみますと、宮本賞はいわば時代の鏡であり、その時々の若者の目から見た数々の事象を映し出しています。それは、時にはアニメなどの日本文化であったり、また、近年、悪化の傾向を示し続けている対中世論改善に関してであったり、そして、最近では、急速に発展を遂げる中国のシェアリングエコノミーや、ドローンなどの最新テクノロジーなど、様々な分野に亘ります。今回の最優秀作品も、「ポストコロナ時代における中国オンラインツアー産業の現状と展望〜日本からの示唆〜」と、長引くコロナ禍により、旅行業界で新たに普及し始めた「オンラインツアー」が取り上げられています。この意味で、宮本賞は、その時代の日中間のできごとを忠実に映し出す、歴史的価値を持った資料としての役割を担いつつあるのかもしれません。少なくとも、そのような気概を持ちつつ、次回以降の宮本賞へと繋げていきたいと思っております。

　募集に際しては、今回も日中の大学の多くの先生方から応募学生のご推薦・ご指導をいただきました。とりわけ日本大学の高久保豊先生、明治大学の郝燕書先生には、ゼミ活動の一環として今回も多くのゼミ生に応募いただきました。上海財経大学の張厚泉先生には、上海を中心とした多くの大学に、応募の働きかけをしていただきました。このほか、日本華人教授会議、NPO中国留学生交流支援・立志会、日中交流研究所などの諸団体からも心強いご支援をいただきました。宮本賞が今日あるのも、皆さまのご協力の賜物であると、この場を借りて厚くお礼を申し上げます。

　次回以降も、皆様方のご協力を得て、よりすばらしい「宮本賞」に発展させていければと願っております。

日本日中関係学会会長・「宮本賞」審査委員長

宮本雄二

1　雨宮亮さん（明治大学経営学部4年）の「日中金融協力と今後の展望〜中国金融市場に対してどう向き合うか〜」も優秀賞に選ばれましたが、ご本人の事由により、論文集への掲載は辞退されました。

　第10回宮本賞（学生懸賞論文）の実施プログラムは、東芝国際交流財団からの助成を受けております。

最優秀賞

優秀賞

特別賞

付　録

ポストコロナ時代における 中国オンラインツアー産業の現状と展望
～日本からの示唆～

南京大学外国語学部日本語学科3年
郭秋欒、魏文君

はじめに

　2020年に入って新型コロナウイルスが世界的に流行し始めた。中国では国民に「非必要、不外出」（必要がなければ外出しない）と要求した。日本でも3月以降、外出自粛要請や緊急事態宣言、3密の回避や新しい生活様式の推奨など、日常生活も大きく変化しつつある。このような生活様式は新型コロナウイルスの拡大防止に有効であるが、観光業にとっては深刻な危機である。

　広辞苑によると、旅とは、住む土地を離れて、一時他の土地に行くということである。コロナウイルスは、この「離れる」と「行く」という行為をほぼ不可能にした。そこで、旅行におけるインターネット等の新しい技術や、ニューメディアの役割と影響力が注目されてきた。政府・旅行会社や専門家などはそれらを活用して、「オンラインツアー」という観光スタイルを次第に観光市場に普及させてきた。

　本論文においては中日オンラインツアーと日本から中国が学べることに注目して考察していく。第一章では世界並びに中日における「オンラインツアー」という概念の発展と中日における観光業の実態を紹介し、第二章では中国と日本のオンラインツアーの実例を挙げ、その形式・内容などの特徴を比較する。なお、中国人消費者のオンラインツアーに対する関心やニーズなどを把握するために、中国の居住者にアンケート調査を行った。第三章ではアンケート調査の結果をまとめて、それによって中国のオンラインツアーにお

ける不足点を分析し、そして日本の良い実例に基づく提案を試みる。

一、ポストコロナ時代の中日観光業

1-1 「オンラインツアー」の定義

　日本語でも英語でも定義が明確な「オンラインツアー（英語：Online Tour）」とは、世界的に大流行している新型コロナウイルス感染症を背景に、越境移動制限（観光客の入国拒否）や国際線の運休などにより海外旅行ができなくなり、窮地に陥った旅行代理店がインターネットを利用して旅行の疑似体験を販売する商行為である[3]。しかし、中国語では、「オンラインツアー」に直接対応するものはなく、同じような概念としての「云旅游」という言い方がある。これを日本語に直訳すると「雲の旅」となるが、「雲」とは現実ではなくネット上で何かをすることである。

　CNKI（中国学術情報データベース）で「云旅游」をキーワードに検索すると、最初の標準的な学術的概念が2011年に出てきたことがわかっている。これは、インターネットなどの新技術が急速に普及・発展するに伴い、オンラインのプラットフォーム（専門的なウェブサイト、SNSなど）を利用して、データやサービスを効果的に統合し、観光客に必要な情報を提供することである[4]。例えば、「Google Maps」は、ユーザーにルートプランニングとロケーションサービスを提供しており、これは「雲」の典型的な手段である。

　中国語の「云旅游」という概念は、新型コロナウイルスが流行する前に生まれたもので、インターネット技術を使ってさまざまなソースからデータを収集し、観光商品の開発や観光客の旅行選択に役立てることにより焦点を当てていた。観光業の独立したカテゴリーとしてではなく、むしろオフラインの観光に付随するものとして存在していた。そのため、「云旅游」は長い間、情報技術企業の実践分野とみなされ、学術的に研究されることはほとんどなかった。しかし、コロナによってオフラインの観光者数が激減すると、業界は新技術をビジネスに活用することを意識するようになった。その後、「オンラインツアー」の意味が「云旅游」という言葉に盛り込まれ、学者の間でも新たな研究が行われるようになった（**図1**）。

　「オンラインツアー」は、「云旅游」の概念を大きく発展させたものである。新しい社会的背景の中で、中国では日本や欧米のように、「オンラインツアー」を独自の現象として研究し、観光産業や社会に与える影響を探る必要があると考えられている。

図1　CNKI（中国学術情報データベース）での「云旅游」を
キーワードにした研究論文数（2011年〜2021年）　　単位：本

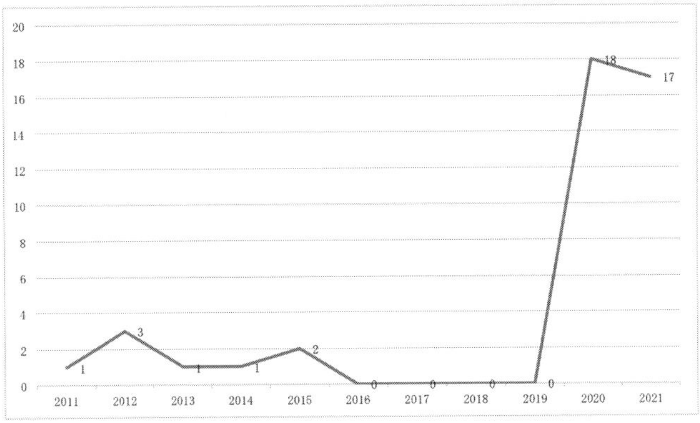

出所：CNKI（中国学術情報データベース）より筆者作成

1-2　新型コロナウイルス感染症による観光業への影響

　突然の新型コロナウイルス感染症の世界的流行は、多くの人々の旅行計画を狂わせ、世界の観光業に大打撃を与えている。中華人民共和国文化観光部が発表した「中華人民共和国文化和旅游部2020年文化和旅游発展統計公報」によると、2020年の国内旅行における延べ旅行者数は前年比52.1%減の28億7,900万人となった（図2）。また、「中国入境旅游発展報告」によると、新型コロナウイルスの影響を受けて、訪中外国人観光客数の伸びが止まり、2020年の訪中外客数は前年比81.3%減の2720万人となった（図3）。中国観光業は現在、全体的に回復基調を維持しているが、完全に回復するまでには長い時間がかかるだろう。

　同時に、日本の観光業も前例のない打撃を受けた。国土交通省観光庁の旅行・観光消費動向調査の2020年年間値（速報値）で、日本人国内旅行の延べ旅行者数は、前年比50.3%減の2億9177万人だった（図4）。また、日本政府観光局のデータによると、2020年の訪日外客数は同87.1%減の4,115,828人だった（図5）。2021年9月迄の訪日外国客数は1万7,700人のみで、前年同期比99.2%減となった。コロナウイルスの世界的な流行はすでに緩和に転じたが、日本の観光業は依然として過去最低レベルだということが分かる。

　上記のデータから分かるように、2020年の新型コロナ感染症は中日両国の急成長する観光業に大打撃を与えた。しかし、観光業は人々の楽しい生活に欠かせないものであるから、長期的には良い方向に向かうはずである。タイムリーにリスクに対応し、効果的に観光産業への悪影響を緩和し、どのよ

うに観光業の質の高い発展をさらに促進するかは、政府、旅行会社や専門家などが考えなければならない問題となっている[5]。

　コロナ感染が始まって以来、中日両国は観光業の危機に対応するために様々な措置を取ってきた。政府側から見れば、中国政府は国民に恩恵を与える多くの政策を打ち出し、祝日・月末や週末などに観光商品券を配布することで、観光消費の潜在力を刺激している[6]。日本政府は昨年7月に「GoTo トラベル」事業を立ち上げ、国内旅行者に県民割、宿泊割引や補助、プレミアム付宿泊券などの消費喚起キャンペーンを実施した[7]。また、コロナで生み出された新しい生活・消費様式も、各国の観光業に新しいチャンスと挑戦をもたらしてくれる。「オンラインツアー」はこのような背景から発展した革新的な観光形式であり、旅行業界に旅行先の制限を緩和または解除し、コロナによる悪影響を減らすために採用された能動的な対応策である。

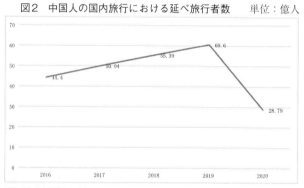

図2　中国人の国内旅行における延べ旅行者数　　単位：億人

出所：「中華人民共和国文化和旅游部2020年文化和旅游発展統計公報」(2020)を基に筆者作成

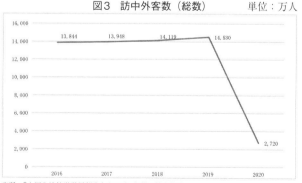

図3　訪中外客数（総数）　　単位：万人

出所：「中国入境旅游発展報告」(2020) を基に筆者作成

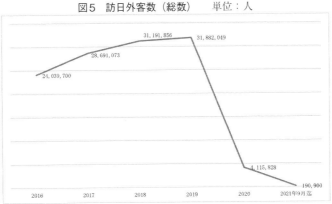

図4　日本人の国内旅行における延べ旅行者数　　単位：万人

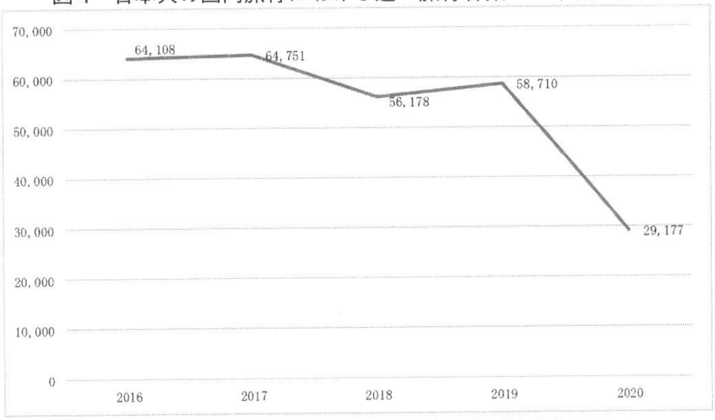

出所：国土交通省観光庁「旅行・観光消費動向調査」（2020.4）を基に筆者作成

図5　訪日外客数（総数）　単位：人

出所：日本政府観光局「訪日外客数・出国日本人数データ」（2020）を基に筆者作成

二、中国と日本におけるオンラインツアーの実例

2-1　中国オンラインツアーの実例

　新型コロナウイルス感染症がもたらした世界的観光情勢の変容の故に、中国ではオンラインツアーをめぐる討論が繰り広げられた。既存の観光情報プラットフォーム、ニューメディアプラットフォームの紹介、旅行vlog（ビデオ・ブログ）や動画作品などとは異なり、人々の急速に変化する生活様式と思考パターンは、オンラインツアーの内容と形式に新しい要求を突きつけた。

　インターネット技術が発展するにつれて、OTA（オンライン・トラベ

ル・エージェント）プラットフォームが、ライブ配信サイトと協力して「観光＋ライブ配信」という新業態へ転換した。ライブ観光がオンラインツアーのよくある形式の一つとなって、北京故宮、南京城壁や烏鎮などの有名な観光スポットで使われた。もっとも有名なのは武漢大学の「オンライン花見」で、12日間で7億5,000万回再生を記録したこのライブ配信は、オンラインツアーの成功例となった。[8]

　一方、「ライブ配信＋」という新しいスタイルも次々と生まれていた。2020年2月、中国の8大博物館は淘宝（タオバオ）と提携して生配信を行い、「実況中継＋キャスター解説＋普及講座＋ライブコマース」の形式を通じ、淘宝大学オンライン教室の2000万人の学生にオンライン展覧会を参観してもらい、その後に博物館の文創商品の販売を行った。[9]この形式は、観光地の自然あるいは文化的特色を示し、視聴者に観光地の魅力を全面的に体験してもらえるだけでなく、ライブコマースによる地域の特産品の知名度を上げ、販売を積極的に進めることができる。

　また、VR（Virtual Realityの略、仮想空間）は、新しい技術として中国のオンラインツアーにも活用されている。今年、茂名市羊角鎮はVR技術を導入して、新しいインスタ映えスポットになった。VRゴーグルを装着するか、或いはウィーチャットのミニプログラムを使えば、どこにいてもまるで自分が嶺南の田舎に入り込んだような体験ができる。また、季節によって異なるオンライン観光モデルコースを作ることもできる。目新しくて面白いVRオンライン観光を通じて、多くの観光客が羊角鎮の美しい風景に引きつけられ現地を訪問し、地元の観光産業の発展を促進した。これにより、羊角村も農村振興の模範になった。[10]

　文字・写真や音声解説からライブ配信とVR技術まで、中国オンラインツアーの形式が次第に多彩になっており、このような変革は観光客に新しい視聴体験をもたらし、ポストコロナ時代の中国観光業の回復と発展に役立つだろう。

2-2　日本オンラインツアーの実例

　コロナの流行は、従来のオフラインの観光産業に大きな打撃を与えた一方で、観光開発に思わぬ新しい刺激を与えた。

　文化観光の分野では、日本の文化庁が電子資料共有サイトの開発を加速させている。例を挙げれば、日本全国の博物館・美術館等から提供された作品や国宝・重要文化財など、さまざまな電子情報を集約したサイト「文化遺産

オンライン」は、すでに登録館数1,007館、作品情報公開件数269,677件に達している（2021年10月26日現在）[11]。「ジャパンサーチ」というサイトも、書籍、文化財、メディア芸術など、さまざまな分野のデジタルアーカイブと連携して、2020年8月に公開され、利用できるようになった。また、このサイトでは、世界の文化を愛する人たちのために、日本語と英語の解説も用意されている[12]。このようなウェブサイトの作成は、現地訪問ができない期間中、日本文化の愛好家や研究者にサービスを提供するだけでなく、日本の既存の文化・美術資源を体系化し、将来的に統合的な利用と革新的な開発を促進する役割を果たすこともできる。

　2020年4月には、日本の大手旅行会社であるHIS（H. I. S. Co., Ltd.）が、標準化されたオンラインツアーの旅程管理サービスをいち早く開始した[13]。パスポートやビザ、ホテルや航空会社の予約などの旅行手続きの煩わしさがなく、時間や場所、天候などの制約を最小限に抑え、顧客に対して最適なツアーを予め計画し、自宅でもデスティネーションの楽しさを満喫してもらうことができるようにしたのだ。ケニア、インド、中南米などの海外が人気の旅行先になっている。一般の人にとって、現地に足を運ぶのは時間も費用もかかり、ドキュメンタリーや新聞などの従来のメディアでは、現地にいるかのようなインタラクティブ性に欠ける。そのような場合、Zoomなどのオンライン会議ソフトを使って、ガイドや旅行先の住民とコミュニケーションができるオンラインツアーが良い選択となる。

　また、オンラインツアーは、教育の分野でも非常に大きな役割を果たしている。国境を越えた移動が制限されているため、たくさんの外国人留学生が日本で学業を続けることができず、多くの国際友好・文化交流活動が中断せざるを得ない。これを解決するのがインターネット関連技術である。例を挙げると、2021年夏の「名古屋大学短期日本語研修プログラム（NUSTEP）」では、名古屋大学が第三者機関と協力して、Zoomを使ってオンライン会議を生中継し、「減災館見学」や「有松・鳴海絞会館見学」などのイベントを成功裏に開催した[14]。大学スタッフはオンライン会議の秩序を維持する役割を担い、学生は常に現場の講師や案内人とコミュニケーションをとることで、より良い学習成果を得ることができた。

2-3　中日オンラインツアーの比較

　以上の実例から、オンラインツアーという新しい概念は登場して間もないが、中国でも日本でもさまざまな形で発展していることがわかる。この節で

は両国のオンラインツアー産業における共通点と相違点を分析してみる。

　共通点において注意すべきなのは、両国が文化・芸術資源のデジタル化と開発に力を入れていることである。また、ユネスコも、「Dive into Intangible Cultural Heritage」（無形遺産に飛び込もう）というプログラムで、オンラインツアーによる文化遺産への認知度拡大を奨励している。[15]文化財や美術品は貴重である、複製が不可能である、移動が困難である、数が多いといった特徴がある。情報技術が急速に発展している現代社会では、既存資源の統合、国民の教養の向上、学者が情報を入手しやすくなるなどの現実的な目標を実現するために、デジタル技術やネットワーク技術を活用して、文化財や美術品等をデジタルデータで保存・共有することが必要になる。コロナの流行で現地訪問が禁止されたことで、オンラインでの作品データベース作成の重要性がさらに高まっている。

　相違点であるが、プロモーション形式に関しては、中国では観光地のスタッフや地方政府がプログラムを企画するのに対し、日本では旅行会社が様々な旅程をデザインするのが普通である。両者を比較してみて、中国の場合には、担当者が地元の観光資源に精通しているため、観光客に本格的な現地体験を提供することができる。しかし、このような分散型の運営では、統一されたプロモーションのプラットフォームを持たず、観光客はすぐには関心のある情報にアクセスできない。一方、日本の旅行会社は、旅行者が自由に選択できる幅広い旅程を用意すると同時に、第三者の地元観光地との協力を強化する必要があると考えられる。

　ツアーのデザインに関しては、中国では生配信やVR技術などの感覚を刺激する技術を用いて、観光者に新しい視聴覚体験を提供することを主要な手段としている。日本のツアーは、特定のテーマに沿って設計されており、旅行系、買い物・割引系、技能サービス系（外国語・歌や踊り、料理法など）、児童教育・修学旅行系など内容が多様化しており、目的意識がより高くなっている。

　一言で言えば、日本のオンラインツアー業界はより成熟し、体系化されている。中国では、オンラインツアーに対する理解は、まだ技術的で表面的なレベルにとどまっており、各観光地のオンラインプロモーションに重点が置かれ、観光客の個人的で感情的な体験への配慮が欠けている。一方で、総合的な観光情報プラットフォームがないため、観光情報の更新が不十分になるなどの問題が発生している。

　そこで、中国のオンラインツアー業界の現状の欠点をよりよく理解するた

めに、中国人観光客に以下のアンケートを実施した。

三、今後の中国オンラインツアー産業への示唆

3-1　中国オンラインツアー産業の現状：アンケート調査より

　ここでは、中国人消費者が抱くオンラインツアーへの印象と考え方を調べることで、オンラインツアーに対する関心やニーズなどを把握するために、以下のようなアンケート調査を行った。

(1)目的

　本調査は、オンラインツアーについて中国人消費者がどのような評価と意見を持っているかを明らかにし、今後のオンラインツアー活動の参考にすることを目的としている。

(2)調査期間

　2021年10月1日〜10月10日（10日間）

(3)調査対象

　中国在住の16歳以上の消費者

(4)調査方法

　「問巻星」Webサイトを用いて中国語で作ったアンケートフォームに入力してもらう

(5)回収状況

　回答件数：249件　有効回答率：100%

(6)アンケート結果のサマリー

　今回の調査では40代の回答者が一番多かった。すべての回答者の中でオンラインツアーを体験したことがある人は10.84%しかいないが、オンラインツアーという概念を知っている人は6割を超えた（63.85%）。一番印象深いオンラインツアー体験を聞いたところ、「武漢大学のオンライン花見」「故宮オンラインツアー」「ポタラ宮オンラインツアー」などの回答を得た。

　「どのようなオンラインツアー活動に参加したことがあるか、或いは聞いたことがあるか」という問いには、「観光地の公式アカウントやウェブの紹介」と回答したのが一番多く、全体の46.18%に上った。次いで「ライブ配信」37.75%、「vlogや動画」33.73%、「オンライン音声解説」31.33%の順だった。「これから体験したいオンラインツアーイベント」を尋ねた結果、「ライブ配信」（54.62%）、「VRによるリアルな体験」（44.18%）、「オンライン音

声解説」（41.77%）などが上位となった。

　結果として、回答者の中国のオンラインツアーの発展状況に対する評価は全体的に低く、10点満点中5点に留まったが、このような体験は回答者のオフライン観光に役立つことが分かる。中国のオンラインツアーの不足点を聞いたところ、高い順に「宣伝不足で情報を取得しにくい」70.28%、「イベントの数が少なく、普遍的ではない」53.41%、「イベントのデザインの面白さに欠ける」33.33%などと続いた。

(7)アンケート結果

①回答者の年齢　　　　　　　単位：人

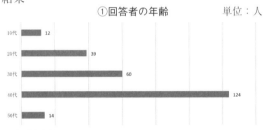

出所：筆者作成

②「オンラインツアー」という概念をご存じですか　　　単位：％

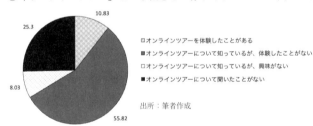

出所：筆者作成

③どのようなオンラインツアーイベントに参加したことがあるか、
　或いは聞いたことがあるか　　　　　　単位：人

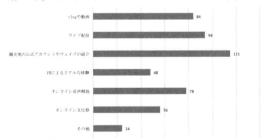

出所：筆者作成

④どのようなオンラインツアーイベントを体験したいか
単位：人

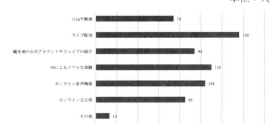

出所：筆者作成

⑤ある観光地のオンラインツアー体験をしたら、
現地に観光に行きたくなるか　　　　単位：％

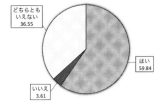

出所：筆者作成

⑥中国のオンラインツアーの発展状況に対する評価
平均値：5点　　出所：筆者作成

⑦中国のオンラインツアーはどこに短所があるか
単位：人

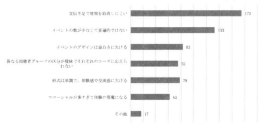

出所：筆者作成

3-2　中国オンラインツアー産業の今後の課題

　本節では、アンケート結果と第二章での分析をもとに、中国オンラインツアー産業の現状の欠点と、日本における同産業の優れた点をまとめる。今後

の産業発展の課題を検討するとともに、それを踏まえた中日両国の友好関係を深めることについても提言を行う。

　まず、アンケート回答者は、中国のオンラインツアー産業の発展レベルが全体的に低いと評価しており、「宣伝不足で情報を取得しにくい」、「イベントの数が少なくて普遍的ではない」などを主な不満点として挙げており、この結果は第二章第3節の分析とも一致している。現在、日本の観光サイトのようにすべての情報を含む統一プラットフォームがなく、中国でのプロジェクトはほとんど観光地での自発的な行為である。活動が分散しているため、消費者は情報を得ることが難しく、参加意欲が低下している。この点で、観光業の関連企業は、HISなどの日本企業のように、総合的な検索サイトの構築に積極的に取り組むべきであろう。

　「オンラインツアー」と、ドキュメンタリーなどの従来のエンターテインメントとの決定的な違いは、その場にいる「臨場感」である。中国の消費者に人気の「ライブ配信」の魅力は、キャスターとの双方向のリアルタイムなやりとりにある。このような体験を実現するためには、一方ではネット、VRなどの技術的なサポートが必要であり、一方では観光客の興味と交流意欲を考慮し、精神的なニーズを満たすイベントをデザインすべきである。メディア技術の利用という点では、中国はすでに高いレベルに達している。しかし、交流意欲という点では、キャスターとの会話だけではなく、旅程テーマの設計や参考資料の配布など、消費者の満足度を高めるための革新的なサービスも大切である。中国オンラインツアー業界の実務者の大半は、観光地や政府観光局のスタッフであり、メディア技術の応用や観光旅程のデザインに関する専門知識が不足している。実務者に対する職業技能訓練を強化することは旅行サービスの質を向上させる効果的な方法であると考えられる。

　調査の過程では、オンラインツアー産業における文化芸術分野の特殊な役割に何度も気付かされた。中国、日本、韓国などの国々は、同じ儒教文化圏に属しており、お互いに独自の民族的視点を持ちながらも、どこか親しみを感じている。新型コロナ流行による芸術品データベース構築の推進を契機として、中日韓などの国は国際協力を展開し、技術、人材、市場の相互補完の中で巨大な成長潜在力を持つオンラインツアー分野を共に発展させることができる。この過程で、各国の関連機関は積極的に交流を行い、共同で運用規則を協議すること等を通じて、情報セキュリティ面での相互信頼を増進し、共同発展のために障害を取り除く必要がある。[16]また、各オンライン展示品の外国語紹介を普及・標準化することで、各国の独特な文化的魅力を正確かつ

生き生きと表現することができると思われる。

　アンケート結果によると、大半の観光客は、オンラインツアーを体験した後、実際に現地を訪れたいと思うようになった、と回答している。現在、多くの国で一定条件の入国制限が行われており、オフライン観光業は停滞状態にある。しかし、オンラインツアーは国境を越えて、将来のオフライン観光業の回復に向けた準備の役割を果たすであろう。一方で、名古屋大学の「NUSTEP」のようなプロジェクトは、コロナ流行の中でも文化交流の可能性を示しており、時間や空間の制約が少ないため、より多くの人々が活動に参加できるようになっている。中日両国はオンラインツアー産業と技術の無限の潜在力を認識し、様々な交流協力を展開していくべきである。これは感染症がもたらした挑戦に積極的に対応し、オフライン観光業の回復を促進できるだけでなく、将来的に両国の民衆がより気軽に広い範囲での交流活動を行い、相互理解を深め、友情を育むための方法でもある。

おわりに

　本論文ではオンラインツアーについて、その必要性と重要性を説明した上で、中日両国における産業の現状を比較し、またアンケート調査を用いて中国オンラインツアーの問題点を明らかにし、日本にどう学ぶべきかについて考察してきた。

　中日両国は地理的には一衣帯水の隣国であり、歴史的に見れば、両国国民は2000年以上にわたる友好交流の歴史がある。今、両国は共に観光大国としての危機に直面している。日本のオンラインツアーはより発達しており、中国に貴重な経験とインスピレーションを提供してくれる。オンラインツアーを発展させるためには、日本の先進的経験を吸収し、参考とし、その上で中国の国情に合わせて日本的な方策から中国的な方策への転用を目指さなければならない。

　今日のグローバル化は、かつてとは比べ物にならない規模、スピードで進んでおり、国際交流と協力は危機を切り抜けるのに最も有効かつ効率的な方法になった。今、中日関係においては積極的な好転・発展の勢いが確かに生じている。今こそ、両国がコミュニケーションを強化し、ポストコロナ時代の新しい情勢に適応し、世界の観光業に貢献していく絶好のチャンスだと考えられる。

参考文献

（日本語文献）

花王 くらしの研究「新型コロナウイルスが暮らしに与えた影響 ～8,492人の調査からみえた生活者の現在～」、2020年5月12日　https://www.kao.co.jp/lifei/feature/567/

オンラインツアー フリー百科事典「ウィキペディア（Wikipedia）」、2021年6月14日　https://ja.wikipedia.org/wiki/%E3%82%AA%E3%83%B3%E3%83%A9%E3%82%A4%E3%83%B3%E3%83%84%E3%82%A2%E3%83%BC

Travelers Navi『「都道府県別」市町村含む地方自治体の観光支援策 全まとめ』、2021年10月27日　https://travelersnavi.com/coupon/goto-area

国土交通省観光庁「旅行・観光消費動向調査」、2020年4月　https://www.mlit.go.jp/kankocho/siryou/toukei/shouhidoukou.html

日本政府観光局「訪日外客数・出国日本人数データ」、2020年　https://www.jnto.go.jp/jpn/statistics/visitor_trends/index.html?tab=block2

文化遺産オンライン（nii.ac.jp）、2021年10月26日　https://bunka.nii.ac.jp/

HIS「オンラインツアー ご自宅から海外・国内旅行」、2021年　https://www.his-j.com/oe/search/

NUSTEP「名古屋大学短期日本語プログラム」、2021年8月12日　http://ieec.iee.nagoya-u.ac.jp/ja/nustep/index.html

（中国語文献）

中国経済網「中経論壇：旅游業発展面臨的挑戦与機遇」、2020年3月23日　http://www.ce.cn/culture/gd/202003/23/t20200323_34541583.shtml

人民網「輿情視角下後疫情時代我国旅游業的発展探析」、2020年4月7日　http://yuqing.people.com.cn/n1/2020/0407/c209043-31663116.html

魏宇「慢旅游与云旅游的対接——新型自由行与半自由行旅游模式的構建」、2011年8月25日　https://kns.cnki.net/kcms/detail/detail.aspx?dbcode=CJFD&dbname=CJFD2011&filename=WQZG201116083&uniplatform=NZKPT&v=bJYeMkq9MOfDQeD9s7fZ457%25mmd2F1%25mmd2BwlVim%25mmd2FuxO2WpPnvbmH9vrZA3SV3BpIxT2XrgHQ

武漢大学新聞網「一場7.5億次播放量的"云賞桜"」、2020年3月28日　https://news.whu.edu.cn/info/1002/59002.htm

捜狐「八大博物館淘宝直播間拼ャ底，千万游客量意味着什么」、2020年2月28日　https://www.sohu.com/a/376465908_414647

快資訊「5G+VR游郷村，沈浸式打卡景点，5G時代的旅游方式点亮這個十一」、2021年10月25日　https://www.360kuai.com/pc/9087166166cfa0651?cota=3&kuai_so=1&refer_scene=so_3&sign=360_da20e874

中華人民共和国文化観光部「中華人民共和国文化和旅游部2020年文化和旅游発展統計公報」　http://www.gov.cn/xinwen/2021-07/05/content_5622568.htm

劉祥艶「中国出境旅游発展報告2020」、2020年3月28日　https://wenku.so.com/d/feaf416c42fea1d4c4c8f7872f2a1af2?src=www_rec

戴二彪「疫情下日本在線文旅発展現状和展望」、2021年7月6日　https://kns.cnki.net/kcms/detail/detail.aspx?dbcode=CJFD&dbname=CJFDLAST2021&filename=LYXK202107003&uniplatform=NZKPT&v=Zggol6Db52ikP8ATPfCkfr4x62Sw25jDVAlCwFw9Se0IMuVPR7SvrJAlfBHspEPm

（英語文献）

Japan Search（jpsearch.go.jp）、2021年10月26日　https://jpsearch.go.jp/

Culture Sector UNESCO「Dive into intangible cultural heritage!」、2021年　https://ich.unesco.org/en/dive&display=constellation

1　花王 くらしの研究、2020年5月12日
2　新村出編、広辞苑 第6版［M］、上海外語教育出版社、2012年
3　フリー百科事典『ウィキペディア（Wikipedia)』、2021年6月14日
4　魏宇、2011年8月25日
5　中国経済網、2020年3月23日
6　人民網、2020年4月7日
7　Travelers　N avi、2021年10月27日
8　武漢大学新聞網、2020年3月28日
9　捜狐、2020年2月28日　尚、「文創」とは昔から伝わる良いものを生かして、「新しい文化」を
　創造するという意味である。
10　快資訊、2021年10月25日
11　文化遺産オンライン、2021年10月26日
12　Japan Search、2021年10月26日
13　HIS（his-j.com）, 2021
14　NUSTEP 名古屋大学短期日本語プログラム、2021年8月12日
15　UNESCO Culture Sector, 2021
16　戴二彪、2021年7月6日

ソーシャルメディア時代における日中相互理解増進の試みについての考察

〜竹内亮監督『私がここに住む理由』を例にして〜

南京大学外国語学部日本語学科3年

陳傲

はじめに

　日中相互理解増進においては、主流メディアによる相手国の不完全な「全体像」が深刻化する問題と見なされてきた。ソーシャルメディアは従来のメディアと違って、印刷や配送、放送に関わるコストがほとんどかからず、アカウントを作成しておけば誰でも「報道機関」のように発信することが可能となっている。その仕組みと特性によって、大衆の生活の隅々まで大きな影響を及ぼしている。そのなかには、2020年の新型コロナ禍の最中に、ドキュメンタリー番組『後疫情時代（アフターコロナ時代)』、『好久不見、武漢（お久しぶりです、武漢)』などを製作した竹内亮監督のドキュメンタリーシリーズ『我住在這里的理由（私がここに住む理由)』（以下『理由』と略す）がある。同番組は日本に住む中国人、または中国に住む日本人の視点から、それぞれの国の文化や実態を伝えるもので、2015年11月に中国のソーシャルメディア・プラットフォーム「bilibili」などで配信を開始して以来、3期／250回以上が製作され、放送された。その後、「影響力のある旅行動画ベスト10」にも選ばれ、中国で大きな反響を呼んでおり、動画の再生回数は約6億回に上っている。

　小論は、竹内亮の発信モデルや、その代表作『理由』の内容と特徴について分析し、そこからソーシャルメディア時代における中日両国民の相互理解を増進する新たな道について検討する。第1章では、番組内容を統計的に分析した上で、中日民間交流の意義を再確認する。第2章では、番組の特徴とその魅力について分析する。それを踏まえて、第3章では、監督竹内亮への

インタビューと「第十六回日中共同世論調査」の結果に関連づけて、日中両国の相互認識の現状を分析し、今後の日中相互理解増進への示唆について意見を述べる。

一、『私がここに住む理由』の内容分析

　本章では、『理由』という作品の内容について分析する。第1節では登場人物を数値的に統計・比較し、考察を行う。第2節ではそれを踏まえ、『理由』の文化的な価値について論じる。

1-1　主人公の分析から見る日中民間交流と相互理解

　日本人や日本社会、文化などを中国人に理解してもらうためには、単純に現代の日本文化そのものを説明するのは難しく、関心を惹きづらい。竹内亮の『理由』の登場人物に一般人が多いのは、実生活の中で、同胞たちがどのように日本で暮らし、どのような感想を持っているかを見聞きすることによって、日本文化をよりよく共感してもらいたいという理念に基づいているためだと思われる。これを日本人に置き換えても同様となる。

　同作品の第1期に放送された合計100回の番組を分析した結果、主人公たちのデータは下記の図の通りとなった。登場人物を「選ぶ」という過程があるとしても、日中民間交流を対象に行われた人選であるため、この統計値は日中民間交流のスキーマとして一つの参考となろう。（なお、同番組では、時により主人公の個人情報が不完全な場合もあるため、各分類における総計人数には差異が発生する場合がある。）

⑴主人公の基礎情報（性別と年齢）

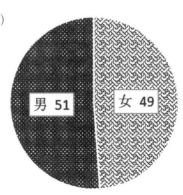

図1　主人公の男女別比率
単位：％
出所：筆者作成

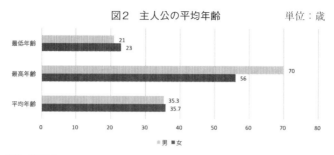

図2　主人公の平均年齢　　　単位：歳

出所：筆者作成

　図1のように、第1期の主人公を男女別で見ると、ほぼ同様の比率となっている。主人公の平均年齢に関しては、女性、男性とも35歳前後となる（図2）。なお、女性の場合、最高年齢は56歳で、最低年齢は23歳、男性の場合は、最高年齢が70歳、最低年齢は21歳である。主人公として選ばれる人は、既に仕事や夢の分野で道を切り開いており、積極的に前に進んでいく姿を描くことが主流となっている。日中民間交流は、このような人々によって支えられているとも言える。

⑵「ここ」に行くきっかけと「住む理由」の比較

図3　日本に行くきっかけ　単位：%

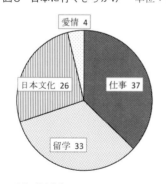

出所：筆者作成

図4　中国に行くきっかけ　単位：%

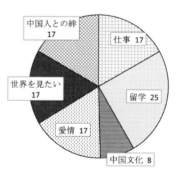

出所：筆者作成

　図3は中国人の主人公が日本に行くきっかけとなった理由の統計であり、図4は日本人に関する同様の統計となる。中国人の7割が仕事と留学のために日本に行った一方、日本人の6割は仕事と留学以外がきっかけとなってい

る。中国人が日本に行ったきっかけの大半は、お金儲けのためか夢を追いかけるためであるが、それに対して、日本人が中国に行ったきっかけはまちまちである。例えば、定年退職後、中国語もできないのに武漢でカレー屋を開いている70歳の島田孝治などは、中国人からすると理解不能な感じを受ける。このように、日本人が中国に住むきっかけは中国人の想像をはるかに超えており、それが面白く、視聴者に受けたのではないかと想像がつく。また、日本文化の好きな中国人は、中国文化の好きな日本人よりもっと多いことも明らかである。

図5　中国人が日本に住む理由
単位：%

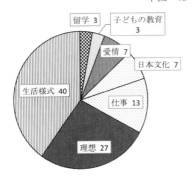

図6　日本人が中国に住む理由
単位：%

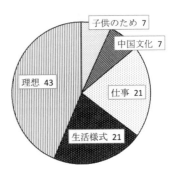

出所：筆者作成

出所：筆者作成

　図5は中国人が日本に住む理由だが、「日本人的な生活様式に慣れた」という理由が一番多く、「個人なりの理想を抱いて住んでいる」が2位となっている。これに対し、図6の日本人が中国に住む理由は、「理想のため」というのが1位となっている。先に分析した「行く」きっかけと比較して、「仕事」や「留学」などの理由は多くない。一方、「生活様式」が好きであるとか、それに「慣れた」というよりも、異国生活での文化理解に基づく自己形成を大切にしていると思われる。このように一人一人の主人公たちの経験を日中の民衆に共有することで、「日本／（中国）に住むなんて……」などの「先入観」は取り払われ、視聴者が主人公の生活を「疑似体験」することで、だんだんとその「異」文化を理解していくことができるのである。以下の表1〜表3は、それぞれの主人公が住んでいる都市と居住期間、「ここに住む」具体的な理由をまとめたものである。

表1　居住都市、居住期間、ここに住む理由（中国人、生活様式）

エピソード	主人公	年齢	性別	都市、居住期間	ここに住む理由
18	李佳霖	36	女	横浜 17年	（生活様式）3.11 東北大震災で日本政府からミルクボトルをもらい、自分と子供の面倒を見てくれたことに感動。日本の秩序も安心。
28, 29	官　琳	30前後	女	長野 9年	（生活様式）日本に馴染んだ。大学時代から青春を日本で過ごしたから、自然に暮らしていける。
32	陳　萍	46	女	京都 20年	（生活様式）もっと多くの中国人に、京都の魅力を感じてもらいたい。
35, 36, 37	唐　頔	33	男	京都 14年（大阪 5年）	（生活様式）日本のいい点は、永遠に継承していく魅力がある点。
39, 40	孫　影	27	女	秋田 6年	（生活様式）ハイクォリティーな田舎の生活が好き。穏やかでのんびりしている生活に慣れた。日本人に中国のことを伝えたい。
46, 47	繆晨希	24	男	宮城県仙台市 3年	（生活様式）ここで出会った人々は素晴らしい。この新しい世界を離れる理由はない。将来自分の事業も始めたい。
57, 58, 59	姜佳朋	30	男	長野県白馬市 7年	（生活様式）白馬市の全部が好き。ずっとここに住んでいきたい。
60, 61	張　帥	35	男	福島 13年	（生活様式）日本に慣れた。生活と家族のために頑張る。
62, 63	李也白	40前後	男	沖縄 3年	（生活様式）日本と海が好き。沖縄はダイビングが最高。
68, 69	廖　明	40	男	東京 11年	（生活様式）日本に慣れた。事業を発展させたい。
72, 73, 74	成　実	33	男	東京青梅市 17年	（生活様式）青梅市の自然と人、文化が好き。
82, 83	悦　奈	34	女	東京 10年	（生活様式）日本の生活や社会秩序に慣れた。

出所：筆者作成

表2　居住都市、居住期間、ここに住む理由（中国人、理想）

エピソード	主人公	年齢	性別	都市、居住期間	ここに住む理由
6, 7, 8	李思文	28	男	神奈川県横浜市 8年	（理想）森永の知名度は中国においてはまだ低い。上海に戻り、市場を広げたい。
12, 13, 14, 15	蒼国来	32	男	東京両国 13年	（理想）相撲のため。「土俵」に立つため。
33, 34	梁佳維	27	男	京都 12年	（理想）恩返し。日中相互理解の架け橋となる。夢を叶える。
41, 42, 43	劉艶華	53	女	山形県酒田市 19年	（理想）元気いっぱいで旺盛な好奇心を持っているので、世界を見たい。他の国にも行くかもしれない。
54	郭春燕（新津春子）	46	女	東京 29年	（理想）空港を子供が安心に遊べる場所にしたい。日本で技術を習って、中国に伝えたい。
86, 87	高　岩	35	男		（理想）他人に頼らず自分の力で創業し、事業を発展させていきたい。
95, 96	王琳凱	40	男	大阪 11年	（理想）人生の価値を追求する。
98, 99	紗利雅	永遠の17才	女	東京秋葉原	（理想）日本でアイドルになる。

出所：筆者作成

表3　居住都市、居住期間、ここに住む理由（日本人）

エピソード	主人公	年齢	性別	都市、居住期間	ここに住む理由
25, 26, 27	山下智博	30	男	上海 3 年	（理想）日中交流の潤滑油になりたい。
	宮崎壮玄	28	男	上海 3 年	
	三河宏輔	30	男	上海に移住したばかり	
30, 31	川端敦志	48	男	贛州（上海、天津、河南）13年間	（理想）日本人の考え方や生活態度を伝えることで、中国の学生を元気にしたい。役に立ちたい。
78, 79	青木陽子	56	女	天津	（理想）中国人に支えられた。自分と同じ盲人を励ましていきたい。
80, 81	sayu	36	女	北京	（理想）世界を見たい
76, 77	島田孝治	70	男	武漢 7 年	（生活様式）武漢の雰囲気は、自分の若い頃の雰囲気と似ている。自由に暮らせる。
88, 89	高橋　治	54	男	大連	（生活様式）中国は大きく、機会も多い。
100 上、下	竹内　亮	38	男	南京 5 年	（生活様式）（理想）『私がここに住む理由』が理由

出所：筆者作成

(3)主人公の出身地と現在地の分布

図7　出身地（中国人）　単位：％　　　　図8　現在地（中国人）　単位：％

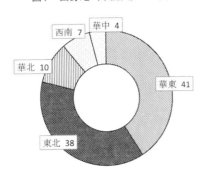

出所：筆者作成

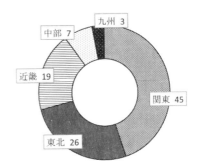

出所：筆者作成

　図7と図8は、日本に住む中国人の出身地と現在の居住地の統計分析図である。中国の長江デルタ地域の出身者が一番多いが、省別でいうと、東北地方の遼寧省が一位となる。中国の東北地方は元々日本語学校や日本文化に馴れ親しんできたため、日本に住む傾向が多いようである。また、経済が発達している華東地域も、起業や、子供の教育のために日本に住む傾向が強いと考えられる。図8によると、日本に住む中国人の約半数が関東地方に住んで

いるが、その他の地方も居心地がいいとされる場合もある。中国人にとって、発達の度合いが高い日本の大都市が一番人気となっているが、一方で、地方都市の環境や文化などに馴染んでいる者も少なくない。

図9　出身地（日本人）　　単位：％

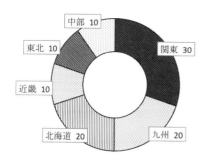

出所：筆者作成

図10　現在地（日本人）　　単位：％

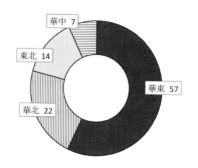

出所：筆者作成

　一方、図9と図10は中国に住む日本人の出身地と現在の居住地の統計分析図である。日本の場合は関東地方の出身者が一番多いが、中国と比較した場合、より分散的な傾向を示している。同様に、日本人の選んだ居住地は、中国人と同様、中国で一番発展している華東地域である。特に、中国の北部や西部地方に住む人物は登場しておらず、日本人は中国の地方都市におけるローカルな文化に興味を持つ人は少ないことが想像される。

　なお、以下の表4は主人公の「居住期間」であるが、この結果から見ると、取材対象となった中国人のほうが、日本人に比較して長い期間住んでいることがわかる。日本の経済発展や文化、環境などの優れた点は、中国の沿海地域の人々にとって魅力的であり、移住のきっかけになったであろうことが考えられる。

表4　主人公の「居住期間」

	平均期間	最長期間	5年以上の割合
中国人が日本に住む場合	9.5年	29年	2／3
日本人が中国に住む場合	5.1年	13年	1／2

出所：筆者作成

1-2　文化的な価値観と相互理解の増進

　以上のとおり主人公についてのデータ分析を行ったが、以下はその深層に潜んでいると思われる文化的な価値観と相互理解の増進について論じる。

　竹内亮監督が、「一般的には、中国で暮らす日本人に密着した中国編の人気が高いです。もともと日本に住む中国人に密着するものがメインでしたが、スピンオフ企画として中国編を作ったらかなり受けました。今では中国編と日本編を約半々の割合にしています」と述べているように、このドキュメンタリーの最大の成功要因は主人公をどう選ぶかにかかっている。主人公の人生経験から、それぞれの居住地の文化についても映像化され、視聴者に自然な形で訴えかけていくのである。日本編ではまさに、日本文化を全面に押し出している。一方、中国編における見どころは、日本人の主人公がどのように「その日本的な性質」を中国社会と溶け合わせてきたかにある。

　また、主人公の実生活を取材することで、その人なりの異文化との衝突や、相互理解に基づいての人生哲学、貴重な経験、人と人との絆なども視聴者に伝えることができる。それらすべては、国や民族、文化などの境界線を越え、まずは「人」に重点が置かれている。人と人との交わりや相互理解こそが異文化に対する理解の鍵であり、また触媒となる。主人公たちが体感した両国の人情味や社会の雰囲気、企業文化など、様々な面での理解増進が、視聴者たちにも納得性を持って受け入れられていくのだ。以下の**表5**、**表6**は、同ドキュメンタリーの主人公たちが伝える異文化的な絆と理解増進のポイントを筆者が考察し、まとめたものである。これらはあくまでも主人公たちの個人的経験であり、内容はさまざまであるが、本質的にこれら個人の経験は、広い意味で日中国民の相互理解に繋がっていると言えるだろう。

表5　異文化的な絆と「日本」に対する理解（中国人）

エピソード	主人公	異文化的な絆と「日本」に対する理解
1, 2	曾恋寒	(人情味)社長のおかげで就労ビザが取れ、涙が出るほど感謝している。
3, 4	張　黙	(社会の雰囲気)両親は心配しているが、日本の秩序は良い。元気に頑張っている姿を見せたい。
6, 7, 8	李思文	(企業文化)森永の工場の雰囲気や、同僚たちに対するイメージは良い。
12～15	蒼国来	(人情味)日本人の先生に相撲を教えてもらい、自分の家族を支えていく。
18	李佳霖	(社会の雰囲気)日本の女性は家事と仕事を両立できる。日本で中国人の女性を支えていきたい。
19～22	軟軟氷	(企業文化)日本のアニメ会社と秋葉原の雰囲気がいい。
28, 29	官　琳	(人情味)自ら積極的に日本人と交流し、日本人からも応援してもらい、日本語がうまく話せるようになった。

32	陳　萍	(人情味)町の住民など、仲間もたくさんできて、日本社会に馴染んできた。
33, 34	梁佳維	(企業文化、人情味)パナソニックの仕事内容と同僚たちの真剣さに感心した。高校の先生や、大学の教授、パナソニックの人事課の上司などの恩人に感謝している。
35~37	唐　頔	(企業文化)タクシー運転手という職業に両親は反対するが、日本で実際に試してみたら、その会社の企業文化に敬服した。日本のサービス業や日本社会に対して一層の理解を深めた。
39, 40	孫　影	(人情味)職場や趣味のサークルの人々には人情味が溢れている。安全のために、合唱の後に家に送ってもらって感動した。
41~43	劉艶華	(人情味)地域経済発展組織課の課長が応援してくれ、新商品を開発する同意をもらった。酒田の人々と交流する機会が多く、いろいろ応援してもらっている。そのおかげで起業が順調に進んでおり、家族からも理解してもらえるようになった。
44, 45	王小軍	(企業文化)日本のサービス文化を理解できるようになった。
46, 47	繆晨希	(人情味)家族が反対し、中国国内で仕事をしてほしいと言われたが、ここで出会った人々は素晴らしい。この新しい世界を離れる理由はない。
48, 49	程麗麗	(人情味)震災の時、中国人の研修生たちが工場に戻ってきてくれて助かった。家族は日本に来るのに反対したが、研修するうちにみんなとの絆が深まり、本当の家族のようになった。
50	王朝栄	(人情味)日本人の女性と話したことがなかったが、初めての話をしてみて、心が温かくなった。
52, 53	尹　杭	(人情味)飼い犬を通じていろいろな日本人と親しくなった。お客さんとの関係も良く、いろいろな活動を一緒にした。中国にいる大家族を自分が支えており、皆なからも応援してもらっている。
54	郭春燕	(社会の雰囲気)子供の頃は中日混血なのでいじめられたが、今は空港でいろんな人から声を掛けてもらっている。空港が自分の家のように感じる。
57~59	姜佳朋	(社会の雰囲気)スキーコーチになり、白馬市に来て、ここが好きになった。スキーももっと好きになった。「流星花園」というレストランを開店し、観光客たちと絆を深めている。
60, 61	張　帥	(社会の雰囲気)日本で友達とお互いに面倒を見合っていた。6年前に中国に帰国した際、中国の友達と話題があわなくなったと感じた。中国の発展にも追いつけなくなった。福島のほうが自分に向いている。
68, 69	廖　明	(社会の雰囲気)日本社会の寛容性は高い。中国人が多いので、日本語ができなくても11年間、東京で暮らしてきた。もっと日本人と交流できるように、最近は日本語を勉強し始めた。
70, 71	鞠　然	(企業文化、人情味)JINSの先輩が、会社説明会の時に自分の顔を覚えてくれて感動した。日本のサービス業には敬服しており、いろいろなお客さんとやり取りをしていくうちに、自己成長にもつながっている。
72~74	成　実	(日本文化)町井勲という有名な武道家を尊敬しており、彼を通じて忍者の文化を教わった。元々町井勲は中国に偏見を持っていたが、私を指導していくうちに、中国人や中国に対するイメージもだんだん変わってきた。今では中国をよく訪れ、武士の文化を伝えたり、指導もしている。また、日本人と話すうちに、自分の性格もより明るく、外向的になった。
93, 94	高芷珞	(社会の雰囲気)文化の受容性が高いと感じた。中国の漢服は京都の景色と意外に似合っており、「本是同根生（もともとは同じルーツから生まれた）」という詩句を思い浮かべる。
95, 96	王琳凱	(人情味)日本語は下手。日本人の妻とは言葉が通じなくても、国籍や文化が違っても、大事なのは、縁や絆であり、お互いに理解しているから、感情は変わることなく、深めていけると思う。ただ大切にしていけばいいと思っている。
98, 99	紗利雅	(社会の雰囲気)日本で声優やアイドルになりたいので、メイドカフェで頑張っていた。その頃、お客さんの思いやりや、秋葉原の文化から力をもらった。

出所：筆者作成

表6　異文化的な絆と「中国」に対する理解(日本人)

エピソード	主人公	異文化的な絆と「中国」に対する理解
25~27	山下智博 宮崎壮玄 三河宏輔	(社会の雰囲気)ソーシャルメディアで日本文化を中国人に伝えたら、中国人に受けたので、大変感動した。このことから、もっと積極的な価値観をみんなに伝えたいと思うようになった。例えば、競争の激しい中国の学生に、成績は悪くても閉じこもったり絶望したりせず、自分の長所を見出して自分の人生を楽しもうという日本人的な考え方を共有していきたい。
30, 31	川端敦志	(人情味)学生たちに積極的な価値観や人生観を伝えたら尊敬され、自己の価値も認められて仕事ができるのは至福。
64, 65	田島裕加	(人情味)両親が南京に住むのに反対したが、南京でたくさんの中国人から助けてもらった。生徒たちと彼らの両親との関係もいい。両親にも理解してもらった。
66, 67	西田　聡	(人情味、社会の雰囲気)毎日中国人のように生活を送っていくことで、自分の「相声(中国式漫才)」の表現力はますます高まってきており、「中国化された日本人NO.1」と言われている。丁広泉先生(有名な相声のコメディアン)が、「日本人というステータスは越えられない壁ではない。文化には境界線がない」という真髄を教えてくれてから、自分の心はやっと開放された。
76, 77	島田孝治	(社会の雰囲気、人情味)日本で出会った中国人が武漢人なので、武漢に来て生活をしている。よく八百屋のおばあさんに声をかけたり、面倒を見たりして、彼女からも感謝のメッセージをもらった。また、中国の学生からも手紙をもらって感動した。街のレストランに自分のレシピを教え、みんなに日本のカレーを食べてもらいたい。言葉は通じないが、心は感じられ、理解できる。
78, 79	青木陽子	(人情味)目が見えなくなってから、両親の願いで中国人の李校長夫妻に育てられた。その後、両親が中国に来てその様子を見て、安心していた。李校長夫妻はまるで本当の両親のように自分を育ててくれた。
80, 81	sayu	(社会の雰囲気)中国人とバンドを組んで、日本の音楽の特徴も活用し、中国で人気を高めてきた。もっと頑張って活躍していきたい。
90, 91	松尾梨恵	(人情味)夫と離婚して就職しなければならなくなったが、なかなか難しく、たくさんの中国人から力をもらった。子供の面倒を見てくれる中国人夫婦にも感動している。
100	竹内　亮	(社会の雰囲気、人情味)南京に来てから、中国人の溢れる自由な感じや、人情味あふれるところなどが好きで、いろいろなドキュメンタリーを撮った。それを日本人にも理解してもらえたらと思っている。

出所：筆者作成

二、『私がここに住む理由』の特徴分析

　本章では、第1章の内容分析を踏まえて、同作品の独特なスタイルを考察し、ドキュメンタリーとしての特徴について論じる。

2-1　親近感あふれる作品スタイル

　本節では、主に同作品のスタイルとその魅力を分析していく。この番組に台本はなく、人と人とのコミュニケーションをリアルに撮影するために、事前に余計な情報は入れないようにして、主人公とその場でゼロから関係を構築するという作りになっている。極限までリアルに撮影するために、普通のドキュメンタリー番組とは違い、チームの人数も当初は少なく、日中両国の

スタッフを総動員し、撮影を行っていた。

(1)番組の内容の定義

　番組は、日本編（日本に住む中国人）と中国編（中国に住む日本人）という主に二つのシリーズからなる。苦労話や、貧乏でありながらも自分の夢をかなえようとし、目標に向かって頑張っている人物を主人公として取り上げることで、視聴者の多くを占める若者を激励するのが番組の狙いとなっている[2]。そのほか、竹内亮はファンの意見も真剣に受け止め、番組で放送されなかった話をスピンオフで放送することにした。例えば、日本の東北地方に住む主人公たちの放送されなかった面白い素材を集めて、ファンたちが「微博（中国式ツイッター）」で一番見たいものに投票し、スピンオフを編集したのである。また、近年では日本人にもっと中国を知ってもらうため、『理由』の日本語版も製作中だ。

(2)番組の特徴

　竹内亮は自分の番組を冗談交じりに「台本」も、「腕」も、「資金」もない「三ない商品」と評価している[3]。「台本がない」のは、日本文化や中国文化の真相を視聴者に伝えることが目的だからだろう。その一方で、監督自身は「怠け者」であることを視聴者に印象付けている。例えば、同作品の第32回で、主人公の陳萍（女性、京都在住20年）にはスケジュール表を作る習慣があり、司会者の阿部力にその日の日程表を手渡した際、阿部もカメラマンも、監督の竹内亮に対し、「なぜ監督が作ってくれないのか」と文句を言った。ところが、監督は無邪気に「面倒いから（太麻煩）」という理由を挙げたのである。視聴者はこれで監督に対して一挙に親近感を持ったと考えられる。

　次に、「腕がない」というのは、華やかなスキルを使わず、素直な揺れ感を持つ番組の撮影と、編集のスタイルから理解することができる。一方、竹内亮自身の、中国での容易ではなかった起業経験の描写であるとも言える。その素朴な編集方法は、意外にも大いに人気を集めた。現場での監督の声も削除することなく撮影し、司会者の阿部力がいない時は、監督自身で司会とナレーションを担当していた。従来の「監督」という厳かなイメージではなく、「日本人の監督像」を、「自由が好き」、「お金が好き」、「美女が好き」など、一般大衆と変わらない、本当に「普通の人」として表現した。中国語を一所懸命に話し、「中国化された南京の娘婿」として、中国文化に馴染んで

きた竹内亮は、監督として一気にネット上で名を広げた。

　最後に、「資金がない」という番組のイメージも、監督が番組初回から「資金節約のため」と言う理由を言い続け、第33、34回の主人公（梁佳維、男性、京都在住12年）の家に泊まったり、更に第75回ではテントや車に泊まったりするなど、番組の視聴者に対して絶えず強調していったのである。2016年〜2017年、そして現在に至るまで、番組にスポンサーが付く度に、ネット上のファンが口コミで「お金持ちにもう一歩近づいた！」などのコメントを出すなど、非常に親近感を覚える存在となったのである。

⑶製作チームの日中文化的な「魅力」

　司会者としての男優の阿部力は中日混血で、中日両国で暮らしたことがあり、中国語も日本語も自然に話すことができる。主人公と交流したり、取材をしたりするイケメンの阿部のおかげで、街中を回って取材する際はよく道行く人たちから声をかけられ、注目を集めていた。これもこの番組の「見所」の一つである。スタッフを総動員するため、画面に日本人カメラマンや中国人カメラマンなどのスタッフもよく登場し、主人公や司会者とやり取りするなど、全ての人が対等で大切な存在になっている。その後の編集でも、中国人に馴染みやすい言葉や表現、流行語を使った字幕などを通じて、番組は一層興味深いものとなった。

　また、製作チームは日常的な放送のお知らせや、取材で見せたいトピック、更には取材先でのお土産など、ファンと頻繁に交流を行ってきた。「番組が終わったらもう連絡を取らないという人はほぼゼロで、一緒に新しいビジネスを始めたりすることもある」と竹内亮が述べているように、単に取材側と取材される側、または放送側と視聴者だけの関係というのではなく、基本的にずっと友達関係を続けているというのが、『理由』的な魅力でもある。民族や文化が違っても、人情味が溢れており、癒しを感じられることから、日中双方の文化交流にも役立つと思われる。

　以上のように、この番組が視聴者に生活感かつ親近感を伝え、「国」や「異文化」という文化的な境界線を薄めてきたおかげで、視聴者は知らず知らずのうちに異文化に心を奪われてしまうのだ。

2-2　ドキュメンタリー式作品の製作

　以上のようなスタイルを踏まえ、ソーシャルメディア時代において、『理由』という作品はドキュメンタリーという形式を用いることで、報道やドラ

マなどの「やらせ」を回避してきた。『理由』は客観性や真実性を重視しながらも、ドキュメンタリー美学のスタイルを崩さず、人生への愛と情熱を失っていない。ドキュメンタリー監督であるジャニーヌ・バザンが、「抽象化や作為は最小限にとどめ、素材そのものに語らせるべき」と語ったように、ドキュメンタリーは単なる報道であってはならず、本来の生活と人工的に再現された伝統的な芸術の世界との間の、他に類を見ないほどの中間領域にある[4]。

　竹内亮はこのように、ある種の深みのある詩的な生活の合理性と感情の融合を通し、視聴者に日中文化における個々の人間の存在のあり方や意味を深く考えさせることで、作り手や作品を感情的に共感させることができたのである。これによって、念入りに編集されたものよりも、視聴者はより実態に近い異文化や、異国の生活における人間性を容易に理解できるようになった。

三、今後の日中相互理解増進への示唆

　本章ではまず「第十六回日中共同世論調査」の結果を、竹内亮へのインタビューと結合させ、中国人と日本人の相互認識の現状と課題を明らかにする。その後、第1章と第2章で分析した内容と特徴を整理し、そこから得られるソーシャルメディアにおける日中相互理解増進のエッセンスと、発展の道筋を考察し、日中相互理解の今後についても提言を行う。

3-1 日中相互理解の不十分な現状と課題

　2020年「第十六回日中共同世論調査」の結果によると、現在の日中関係について、日中両国民の間で認識のギャップが見られる。日本人の対中印象は、中国に「良くない印象」を持つ人が89.7%と、昨年（84.7％）から連続して悪化し、9割に迫ろうとしている。中国人の対日意識は日本のように悪化してはいないが、「良い」印象はこれまで続いた改善傾向が足踏みする形になった[5]。また、日中関係に関する情報源は日中両国とも「自国のニュースメディア」が最多となっているが、中国人の日本や日中関係に関する情報源は、「日本のテレビドラマ・情報番組、映画作品」も54.9％と5割を超えており、日本人との違いが見られる。

　竹内亮は日本でディレクター経験を重ね、NHKや民放のドキュメンタリー番組の制作に数多く関わってきており、日本の中国に関する報道はネガティブな内容が中心であり、そのような報道の視聴率が高いと述べている。日本人は中国の文化にあまり興味がなく、文化面で中国の特集が組まれる日本

のテレビや雑誌は少なく、多くの日本人はあくまでもビジネスの相手として、中国の経済や先進的な技術への関心を持っている[6]。

　一方、中国人はニュース以外にも、たくさんのメディアから日本の情報を入手している。多数の中国人は歴史問題は忘れないが、日本文化も受け入れることができる。中国の若者たちはソーシャルメディアを通して、日本のアニメ、芸能人、グルメなど日本のポップカルチャーに興味を抱き、日本語の学習や日本旅行をしているのが現状であるが、多数の日本人は主にテレビやその他のメディア報道から見た一面的な中国を受け入れ、積極的に中国の魅力を発見したり、探究したりはせず、無関心なままである。「両国の民衆は好き嫌いの問題ではなく、得た情報と興味そのものが違う」のである[7]。では、今後の日本と中国の関係を考える上で、どのようなことに心がければよいのだろうか。

3-2　ソーシャルメディアにおける日中相互理解増進のエッセンス

　ここまでまとめた通り、日中関係の民間認識は、国際社会での行動や、軍事力の増強、政治体制の違いなどにより影響されることが多く、自国のニュースメディアによる認識形成がその要因だと見られる。

　日中両国の比較分析を通して見えたものは、多元的なメディア環境があるか否かの違いである。ソーシャルメディア時代において、竹内亮や山下智博（第25回の主人公。中国のネットで第38位の『網紅』《ネット上で人気と影響力のある者》）のような発信者の試みもあって、中国人は日本を多面的に捉えることが出来るようになってきた。竹内亮は近年、『理由』の日本語版と、新型コロナ禍での南京と武漢の実態を日本に発信するのに力を注いでおり、新たな理解増進のブームを起こした。日本の代表的な経済メディアであるNewsPicksで『後疫情時代（アフターコロナ時代）』放送後に寄せられた視聴者のコメントからみると、実名制を採択していることもその原因の一つだと思われるが、中国について肯定的にとらえているものもあることから、日本人に中国の現状を伝え、理解を促したことも事実である[8]。

　新たな日中相互理解の増進には、このように、これまでの経験を活かし、日本に対して中国に関する民衆の情報を発信することも重要である。「理解」するという「人」としての行為は、一人一人の国民の対話を通してこそ実現できるであろう。

　両国はまず国民自体への関心にもっと気を配り、ソーシャルメディアという新時代のツールを、国民の理解増進のために活かすことが大事である。そ

して、日中双方の国民は積極的かつ自発的に文化交流を行っていけば、相互理解は健全に促進されるであろう。政治的な関係には波があり、良くなったり悪くなったりの繰り返しであるが、単に国同士の関係を強調し、お互いに嫌悪するよりは、個人同士でまず一歩前に進んでいき、良好な関係を築くべきであると提唱したい。国同士の不安定で表面的なつながりよりも、相互理解に基づいた草の根レベルでのつながりが大事なのである。たとえその国に対してネガティブなイメージを抱いていたとしても、そこで暮らす人々の人情に触れることで見方が変わってくるのではないか。

おわりに

　本論文では竹内亮の『理由』というドキュメンタリー作品を例にし、その内容と特徴を考察し、日中相互理解増進に与えた影響と、ソーシャルメディア時代における個人の発信力にについて論じた上で、それに基づいて日中民間の相互認識の現状を分析し、日本人に比べてより改善傾向を示している中国人の対日意識と、悪化傾向を示している日本人の対中意識を分析することで、日本人の対中理解の不完全だと思われる点や、関心が欠如していると思われる点を明らかにし、その「ギャップ」に取り組む方策について考察してきた。

　同作品の主人公たちへの分析は、日中民間交流の小さなスキーマとして、一定の参考価値がある。まずは、性別では男女ほぼ等しく、年齢層から見ると35歳前後が多く、皆、既に仕事や夢の分野で道を切り開いており、積極的に前に進んでいる姿を見せてくれる主人公が主流となっている。

　また、中国人が日本に行くきっかけはお金儲けのためか夢を追いかけるためというのに対し、日本人が中国に行くきっかけはまちまちであり、特に一定の傾向が示されているわけではない。その地に住む「理由」の考察に関しては、中国人は日本人的な生活様式に慣れたという理由が一番多く、日本人は理想のためというのが1位となっている。

　地域別でみると、中国人は日本の小さい町の環境や文化などに馴染んでいる者も少なくないが、日本人の場合は、中国の発達した都市に住むことのほうがより人気がある。最後に、取材された中国人の居住期間は日本人に比較して長いのも特徴である。日本の経済の発展や文化、環境などの優れた点は、中国の沿海地域の人々に魅力的であり、移住のきっかけになったということも考えられる。

　このような主人公たちの経験を日中の民衆に共有することで、視聴者が主人公の生活を「疑似体験」でき、「先入観」は抑えられ、だんだんとその「異」文化を理解していくことが可能になることも分かった。このソーシャルメディア時代において、日中相互理解増進のためには、民衆による自発的かつ積極的な探求と発信が必要であることが、竹内亮の『理由』の事例から示唆される。

　最後に、メディア世界における日中関係について言及しておきたい。国にとって報道機関の信憑性は重要となるが、画一的な報道に対して「好き嫌い」ではなく、もっと客観的かつ冷静に物事を分析し、簡単にそれに染まらないように、自らの「識別力」と「探求力」を求めていくことが必要ではないだろうか。ソーシャルメディアの使用が日常化されており、まさに今こそ個人の「ソーシャル・コミュニケーション力」がもっとも求められる時代になったと言えるのではないか。ソーシャルメディア時代において、子供からお年寄りまで、スクリーンを通して社会を知り、異文化との接触も容易にでき、互いに絆を深めていくことが可能となった。したがって、なるべく早く世界の現実と向き合い、視野を広げることも必要なのかもしれない。相互理解に不可欠な「人」としての主体性が向上すれば、日中相互理解増進はより構築しやすくなるであろう。

参考文献
（日本語文献）
　人民網「中国でドキュメンタリーを製作する竹内亮さん『僕は南京大根』」、2017年6月5日
　　http://j.people.com.cn/n3/2017/0605/c94473-9224182.html（2021年6月2日アクセス）
　東京大学新聞オンライン「『僕は日中友好という言葉は嫌い』中国で活躍するドキュメンタリー監督・竹内亮さんインタビュー」、2019年1月14日　https://www.todaishimbun.org/takeuchiryo20190114/　（2021年10月3日アクセス）
　言論NPO「米中対立下における中国人の認識が、世界で初めて明らかになりました」、2021年11月17日　https://genron-npo.net/press/2020/11/npo16.html（2021年10月10日アクセス）
　NewsPicks「『一攫千金』16兆円を生む『爆売ライバー』の村に潜入してきた」、2021年1月30日　https://newspicks.com/live-movie/1072/?invoker=np_urlshare_uid7147815&utm_campaign=np_urlshare&utm_medium=urlshare&utm_source=newspicks（2021年10月16日アクセス）

（中国語文献）
　南京市科技局「竹内亮:我住在这里的理由」国際人才交流、2020年12月
　初瀅瀅『記録片的诗意』、2019年10月
　環球時報「日本網発不信我拍的中国抗疫片？導演竹内亮独家回応来了!」、2021年1月5日　https://mp.weixin.qq.com/s/jlzdbPMAQqhVnRs-9j859w（2021年9月15日アクセス）
　新华网"我在中国記録真実"——専訪日本記録片導演竹内亮」、2021年1月13日　http://www.xinhuanet.com/2021-01/13/c_1126978862.htm（2021年10月5日アクセス）

---

1 東京大学新聞オンライン、2019年1月14日
2 国際人才交流、2020年
3 新華網、2017年
4 初澄澄、2019年
5 言論NPO、2021年11月17日
6 人民網、2017年6月5日
7 環球時報、2021年1月5日
8 NewsPicks、2021年1月30日
　コメント例として「中国のいきおいは凄いですね。地上波では中々見られないので興味深く見られました。日本、頑張らないと。」「本当にすごい。聞いてはいたけど、どんどん先を行っている。怖いくらい。分かっている。これだけ素晴らしい技術を末端まで導入すれば無人化できるということ。人間らしい判断がなくても、補ってくれる。未来ではなく現代だということをしっかり受け止めなければならない。」「遅い。まきこんで自分の本業すらチェンジする。変化の強さを感じました。本業に囚われてうじうじしてたらおされちゃいますね、日本。」など。

中国の躺平族の社会的分析
〜日本の若者研究と比較して〜

瀋陽大学外国語学部日本語学科4年

耿雅凝

はじめに

「今日、躺平している？」

「躺平（和訳：寝そべる）」は2021年、中国で人気が高かった言葉である。それは2021年4月、「躺平主義は正義だ」というウェブサイトのコメントから始まった。「1日2食、毎月200元以内に切り詰める……。」発信者は無職だった2年余りの間、生活費を極端に切り詰め、短期のアルバイトで自由な生活状態を維持することで、夢にも思わなかった「自由」を手に入れた、と述べていた。この「自由」こそが、現役の「996」（朝9時から夜9時まで週6日間働く）のライフスタイルで生きている若者たちを羨ましがらせ、若い世代の間でますます普遍的に認められ、「タンピン」と言う言葉が大きな話題を呼んだ背景にあるだろう。

簡単に言えば、「タンピン」の文化は低い欲望と低い消費の生活理念を表しているが、「タンピン」と似たような言葉は世界でも見られる。たとえば、七、八十年代に出現したイギリスのニート（NEET）、すなわち「Not in Education、Employment or Training」（学校に行かず、仕事もない、職業訓練も受けない）という人たちの略語である。アメリカの「帰巣族」（卒業後、実家に帰り、親に頼る）、日本では2013年頃に「さとり世代」（欲望がない世代）や「ひきこもり」（学校に行かない、仕事をしない、外出しない、現実社会と接触しない、このような生活状態が少なくとも半年以上続いている人）、韓国では2010年頃から「三放世代」（恋愛・結婚・出産を放棄している世代）などの新しい言葉が産まれた。

闘志を燃やし、意気揚々であるはずの若者が、なぜこのように落ち込んで

いるのか。本稿の第1章では、中国における「タンピン」する若者像を具体的に描き出す。本稿の第2章では、「タンピン」に対するさまざまな影響について詳しく述べる。若者が「タンピン」を選択すれば、経済発展の原動力がなくなり、社会の進歩を妨げるという評価もある一方で、これは社会の発展に欠かせないものだと言う人もいる。我々はこの現象を客観的にどうとらえるべきか、本稿の第3章で分析する。最後に、日中対比と分析を加味しながら、日本のひきこもり族などに対する政策を参考にして、中国の「タンピン族」に対する提言を考える。

一、中国「タンピン族」の現状

　本章では、「タンピン族」とは具体的にどのようなものか、日本の研究事例を紹介しながら中国の「タンピン族」の現状を分析する。

1-1　日本の「寝そべり族」

　日本の「寝そべり族」について考えた場合、3つのタイプが想起される。
　まずは「ひきこもり」である。この言葉は1990年代に日本の学者によって提唱された。このグループの年齢は主に18-35歳だ。日本内閣府が2016年9月に発表した推計によると、全国の15-39歳で約54万人のひきこもりがいるという。ひきこもり現象を研究している日本の学者、斎藤環によれば、日本のひきこもり族はすでに約200万人に達し、総人口の3-5%を占めており、適切な対策がなければ、今後1千万人にのぼる可能性があると指摘されている。
　もう一つは「フリーター」である。1980年代後半、アルバイト情報誌『フロム・エー』によって造られ、広められた言葉「フリーアルバイター」を略して「フリーター」である。内閣府の『平成15年版国民生活白書』では、「フリーター」を「15-34歳の若年（ただし、学生と主婦を除く）のうち、パート・アルバイト（派遣等を含む）及び働く意志のある無職の人」と定義している。そして、「まともに仕事をしないでフラフラしている若者」も、「就職か進学かの進路が決まらないまま高校を卒業する若者」も、「仕事につこうとする希望すら失ってしまった無職の若者」も「フリーター」に属している。内閣府の計算によれば、若年層のフリーターは、2014年時点で179万人に達するという。
　最後は「ニート」である。ニートとは、Not in Education、Employment

or Trainingの頭文字をとった造語だ。つまり、働くことにも学ぶことにも希望を失った「NEET（ニート）」で、「特に何もしていない」若者を指す。日本総務省の調査によると、日本のニートは2002年には52万人、2012年には83万人、2018年には132万人に達している。

1-2　中国の「タンピン族」

「タンピン族」は、欲望を下げ、結婚せず、子供を産まず、家を買わず、仕事をしないという存在である。どんなことがあっても、何の反応も反抗もせず、まるで自分に関係ないかのように接する。

では、どのような若者が「タンピン族」になるのだろうか。2015年7月にインターネットで立ち上がった「タンピン」という中国のサイトがある。最初は無名だったが、2021年4月以後、「タンピン」という言葉が盛り上がるにつれて、登録数及びコメント数が急増した。ウェブサイト管理者によると、1カ月ほどで登録数は1156倍に、コメント数は548倍に増えた。これは中国のインターネットにおける「タンピン族」の関心の高さを示す重要な証だと考えている。

今年5月17日の「タンピンサイト」の管理者の統計によると、メンバーのオンライン時間は昼に集中し、午前10時から12時の間が多い。内訳は、女性5.8%、男性94.2%だ。メンバーの年齢層は主に18-24歳で59.5%を占め（図1）、所在地は南部沿海地域が多い（図2）。

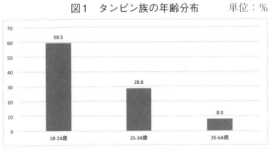

図1　タンピン族の年齢分布　　　　単位：％

出所：ウィーチャットのアカウント「呉晩波頻道」（ID:wuxiaobopd）（2021.05.17）
　　　より筆者作成

図2 タンピン族の地域分布（一部）単位：％

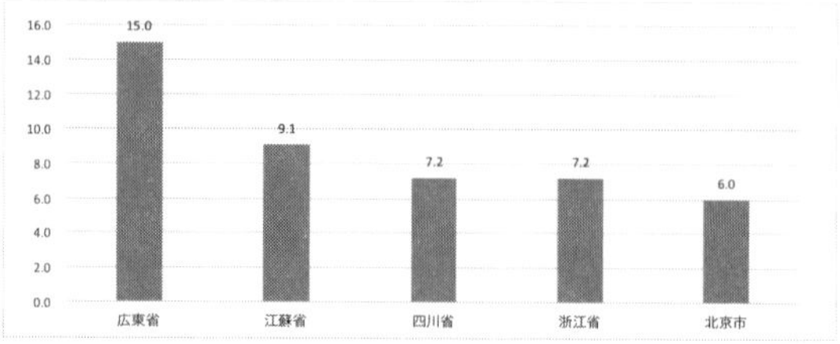

出所：ウィーチャットのアカウント「呉暁波頻道」(ID:wuxiaobopd)（2021.05.17）より筆者作成

　中国の「タンピン族」は、三つのパターンに分けることができる。

　一つ目は、「希望を捨てたタンピン族」である。彼らは田舎から都市に出てきた人々である。高学歴でなく、技術もあまりなく、ただ都市で短期の仕事を見つけて生きていきたいと思っているが、彼ら自身の条件でできる仕事は明らかに限られる。高くない日当をもらって、仕事があれば食いつなぐような生活をしており、「タンピン」を選ぶ。典型的なのは「三和大神」だ。「三和大神」とは、中国深圳の三和人力資源市場（人材マーケット）に住んで、昼はぶらぶらし、夜は街頭（彼らの間では「三和ホテル」と呼ばれている）で寝泊まりする若者たちを指す。彼らは日払いで給料が支払われる仕事をしている。「1日働いて3日遊ぶ」という生活スタイルが定番で、お金を節約するために安いものだけを買って生活を維持し、将来の生活は全く気にしないようである。

　二つ目は、「親頼みのタンピン族」である。彼らはだいたい都市部出身者で大卒者である。名門大学の学生ではなく、いわゆる二流大学、専門学校の学生である。出身大学の関係で、卒業後、自分が満足できる仕事は簡単に見つけられず、彼らの親は社会的地位が高くなく、就職活動を助けることができない。家庭の経済力も普通のレベルだ。親は一定の稼ぐ能力はあり、長続きはできないものの、働かなくても生きていける環境をしばらく与えることはできる。したがって、卒業しても仕事が見つからず、家にこもって両親に頼る。割引商品を購入したり、クーポンを集めることで生活水準を下げ、「ごくシンプルな生活」を送る。

　そして三つ目は、「タンピン族の予備軍」である。彼らは都市で生活しており、定職を持っている。彼らの多くも、前述の大卒者のようにごく普通の大学を卒業しているため、中小企業にしか就職できない。家庭環境もごく普通で、裕福ではなく、兄弟もいる。経済的な環境から、勉強を続けるのでは

なく、卒業してすぐに仕事に就く。高いとは言えない「まあまあ」の収入で、生活への希望を失っても仕事は続ける。その給料で生活し、家計を支える。しかし、学歴や能力などの制約もあり、努力してもなかなか昇進の余地がなく、「タンピン」を考え始めている。だが、この種の「タンピン」は何もしないのではなく、ただ機械的に自分の仕事をするだけで、向上心に欠けている。

　一つ目の「希望を捨てたタンピン族」は日本と比較できる点が少ないため、本稿では主に「親頼みのタンピン族」と「タンピン族の予備軍」を取り上げ、日本の若者の現状を対照にして検証する。

二、若者はなぜ「タンピン族」になるか

2-1　経済の発展で社会階層格差が広がる

　改革開放以降、中国の経済は急速に発展し、一人一人がより高い物質的生活を求めるようになり、互いに競争し、社会の変化のスピードは非常に速い。図3のように、社会の階層格差は大きく、中・下層が多くを占めており、階層を越えることは難しい。都市部の2020年の所得層別可処分所得は、高所得層では96,061.6元と、低所得層15,597.7元の6.1倍となっている（図4-1）。同様に、全国における高所得の可処分所得は80,293.8元で、低所得7,868.8元の10.2倍と、所得格差が大きいことがわかる（図4-2）。前述の「タンピン族」は一般的に中下層レベルにあり、家庭の収入は高くなく、学歴によって運命を変えようとするが、高学歴ではない。階層が固定化してしまうと「敗北者」となる。奮闘しても何の意味もなく、むしろ「タンピン」の方が望ましいということになってしまう。

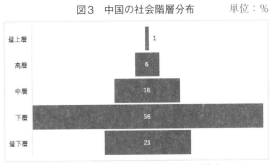

図3　中国の社会階層分布　　単位：％

出所：陸学芸『当代中国社会階層研究報告』（2002）より筆者作成

図4-1　都市部における所得層別一人当たり可処分所得（2020年）　単位：元

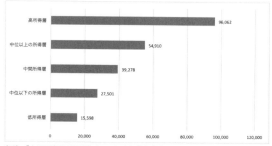

出所：『中国国家統計年鑑』（2021）より筆者作成

図4-2　全国における所得層別一人当たり可処分所得（2020年）　単位：元

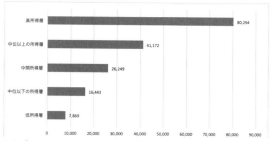

出所：『中国国家統計年鑑』（2021）より筆者作成

　中国の経済格差の現状はジニ係数からも見ることができる。ジニ係数が高いほど貧富の格差が大きいが、図5から分かるように、中国のジニ係数はここ数年来常に0.45以上と警戒線の0.5に非常に近く、貧富の格差が非常に大きいことがわかる。

図5　中国2003-2017におけるジニ係数　単位：%

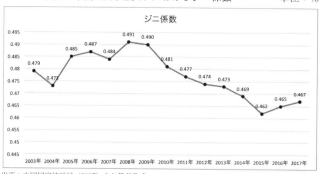

出所：中国国家統計局（2017）より筆者作成

　若者の奮闘と努力は勤務環境を逆に悪化させる「インボリューション」（Involution）（中国語では『内巻』と訳され、ネット上の流行語となっている。『内巻』とは、もともと文化パターンがある種の最終的な形態に達した後、安定することも、新しい形態に変わることもなく、絶えず内部で複雑化する現象を指している。ここでは、非合理的な内部競争、あるいは「自発的」な競争を通じ、有限の資源を奪い合うことによって、個人の「努力が報われる比率」が低下する現象を指している）に陥ってしまう。例えば、ある会社の規程の退勤時間は6時だが、誰かが昇進や給料アップをめざして、自発的に9時まで残業する。その後、他の社員も9時まで残業するようになり、結局、退勤時間は9時が普通になる。ある人が10時まで残業すると他の社員も10時まで残業する……。このように悪循環を生んでしまうというわけだ。これらは自発的な行為であり、残業代も支給されない状況で、社員が頑張れば頑張るほどインボリューション（内巻）がひどくなり、勤務状況はより悪化する一方である。

　中国と比べると、日本にはそれほど大きな社会階層格差はない。しかし、日本でも経済の発展、特にバブル経済が崩壊したことで、ひきこもりやニートなどの寝そべり族が生まれた。社会・経済の発展こそがタンピン族が生まれる重要な根源的要素である。

2-2　家族のあり方

　昔、経済的に発展していなかった中国には「子どもが多ければ福が多い」（多子多福）という観念があった。今の中国の多くの親は、「子どもが勉強しさえすれば、他のことは何も気にしない」という観念がある。中国では、「一人っ子」政策が長く続き、また、経済の発展と人々の生活水準の向上に伴い、家族の形態も「核家族」に固定化しつつある。**図6**が示すように、総合出産率は既に1994年に2.1の国際正常値を下回っている。2016年には全面的に第二子出産が認められたにもかかわらず、2019年になっても1.7と、2.1には達しておらず、さらに2020年には1.3に下がるなど、国際警戒線である1.5を下回っており、その危険性は無視できない。

図6　中国の総合出産率（1959〜2020年）　　　単位：%

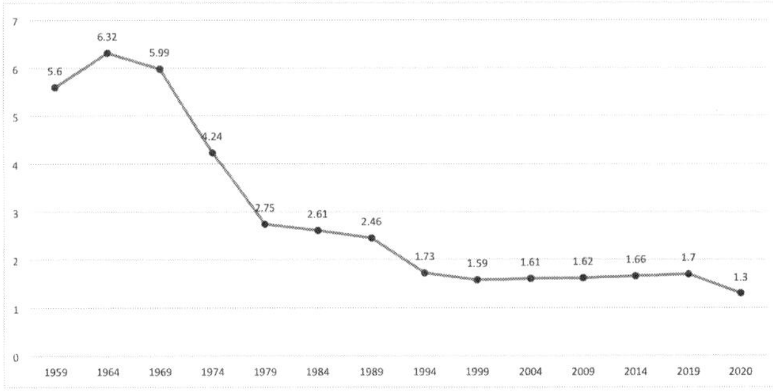

出所：快易数据（https://www.kylc.com/stats）（2021.10.11）より筆者作成

　子どもを大切にする親は、子供に対して大きな願望を寄せる。子どもがい
い仕事について立派な一人前になってほしいと願っている。しかし、学歴社
会になった現在、若者の就職はきびしい。2021年、中国の大卒者数は909万
人にのぼっており、就職難に直面せざるをえない。現代企業では新入社員に
即戦力が求められるようになっているが、新卒ではなかなか応じられない。
大企業は名門大学の卒業生を求める。中小企業は新人を育てる余裕があまり
なく、給料も低く、待遇も良くないため、大卒者は行きたがらない。その結
果、二流大学や専門学校を卒業した学生は更に就職難となる。仕方なく家に
こもって「タンピン」してしまう人も少なくない。子どもが「外」で社会の
ストレスに直面していることを知った親達は、できるだけ「内」で子どもに
「ゆとり」を与えたいと考え、「タンピン」を受け入れざるをえない。もちろ
ん、親に頼ることに慣れ、タンピンに慣れてしまうと、人とうまくやってい
くことができず、自分の力で問題を解決できなくなる恐れがある。
　また、様々な娯楽番組、携帯ゲーム、ドラマなども一部の若者が働きたが
らない原因となっており、外出もせず「タンピン」してスマホを見たり、徹
夜でゲームをして昼間は寝ているなど、幻の快楽から抜け出せず、ドラッグ
中毒のような状態になる。安易な生活は、一度身につくとなかなか変わりに
くいだろう。専門性が合わなかったり、給料が少なかったり、上司との相性
が悪かったりして、結局はずっと家にいて仕事を探さず、ますます働きたく
なくなり、ついには完全な「タンピン族」になってしまうのかもしれない。
　日本におけるニート研究の第一人者であり、多くの若者に関するデータを
収集してきた玄田有史（2004）によると、日本の場合、ニートの70%が家
族や親族の収入に頼って生きている。日本の寝そべり族の家族にも似たよう

な心理があるといえる。

2-3 若者の心理と行動様式

　ここでは「親頼みのタンピン族」及び「タンピン族の予備軍」の心理と行動様式を分析する。

　「タンピン族」はそもそも自信がないようだ。中国では、子どもの頃から学校という環境で生活している。20代で大学を卒業して初めて進学や就職の途を選択する。学校で学んだことが、本当に仕事に活かされるのだろうか。実はそう簡単にはいかない。専門性と仕事が合わないことはよくあることだ。したがって、仕事を探すのにストレスがたまる。中国は人口が多く、就職も難しい。そこで、大卒の若者の中には、仕事の挫折や会社での人間関係を怖れて社会に出ようとしない人もいて、親に経済力があれば家にこもり、「タンピン」を選ぶ。

　ちなみに、玄田（2004）によると、日本の場合、仕事での人間関係を円滑に進めていく自信が欠けていることこそ、ニートが働こうとしない根本的な理由であり、また「ひきこもり」の原因の多くは、個人の存在意義を見つけることができず、失敗を恐れているとのことだ。この点は中国の「親頼みのタンピン族」に似ている。

　一方、「タンピン族」は若者の無言の抵抗と考えることもできる。つまり、自分の運命を変えるチャンスがないと思っているので、「タンピン」しかないと思っているのかもしれない。

　中国の多くの一線都市の住宅価格はすでに1㎡当たり10万元を突破しており、二、三線都市も3、4万元となっている。多くの若者が三世代分の貯金をしてようやく家の頭金を払うことができるが、それすらも出来ない若者も大勢いる。

　家を買うことはさておき、ほとんどの大学生が卒業後に賃貸住宅で暮らしている。北京の大卒の初任給は平均で7227元（図7）だが、北京大学などの一流大学出身者の給与はこれよりずっと高く、二流大学出身者の給与は間違いなくそれを下回る。例えば、中国の東北地区で大卒者の場合は約3500元である。専門学校の平均給与は大卒者より低い。多くの大卒者は一線都市で働きたいと考える。北京を例に、一線都市の家賃を見てみよう（図8）。仮に北京で30㎡の部屋を借りるとすると、都心の西城区では月3882.3元、都心より離れた石景山区でも月2447.7元かかる。近郊の房山区だと月1463.4元だが、市内までは片道約2時間、往復で1日約4時間を通勤に費やすことに

なる。日常の生活費に加えて、二流大学や専門学校の卒業生が、北京のような大都市で仕事をするためには生活コストのプレッシャーが大きいことがわかる。このような状況では、若者は恋愛や結婚をする気にはとてもなれないだろう。

図7　2020年の学歴別初任給平均（月額）（北京）　単位：元

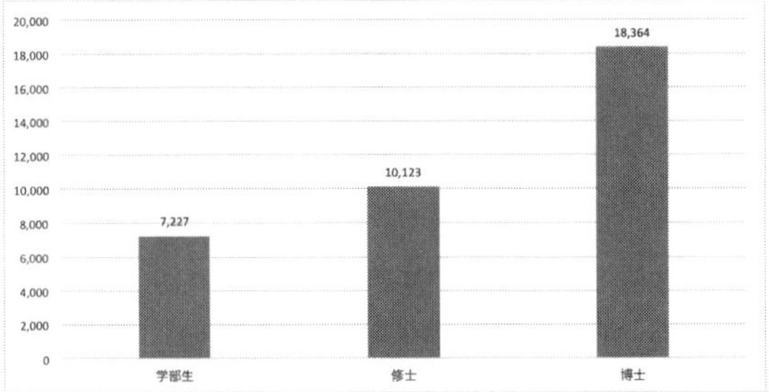

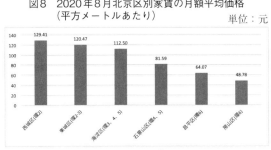

出所：北京社会保障局『2020年人力資源市場における給与に関するレポート』より筆者作成

図8　2020年8月北京区別家賃の月額平均価格
（平方メートルあたり）
単位：元

注：図中の「環」は北京市内を走る環状道路を指す
出所：http://mp.m.ofweek.com（2021.10.27）より筆者作成

　住宅価格や家賃の高さのほかにも、高物価、高医療費、高教育費などの現実にも直面している。多くの若者は理想的な生活を獲得する自信を失う。彼らの職場では残業が常態化しており、余暇を過ごしたり、親とゆっくり話をしたりする時間さえない。いくら努力しても何の希望も見えないのだから、何も努力する必要はないのだと、多くの人が「タンピン」を信仰し始める。「タンピン」で彼らの心は慰められ、住宅価格や、医療費、仕事の昇進などの心配はなくなる。つまり、「タンピン」の本質は現代社会のストレスに対する、非暴力・非協力的な反抗の態度でもある。

三、中国の「タンピン」を客観的に考える

　しかし、「タンピン」のままでは若者の職業能力は向上しない。「タンピン族」の増加が、ひいては経済全体の生産性を低下させるかもしれない。では、「タンピン」について、どう考えるべきか。ここでは賛否両論の観点を提示する。

3-1　「タンピン」は社会的発展を阻害する

　「親頼みのタンピン族」は、政府と家庭からお金をかけて養育してもらうが、何年勉強をしても最終的には社会的価値を生み出せないのだから、資源の無駄使いなのではないか、と非難する声がある。

　一方、「若い頃は親に頼っていたが、親が老いると若者が助けられた側から支援する側への転換ができるのか」、「親が亡くなった後、一人で生きていく力はあるのか」、「自分を養うために仕事を探せるのか」、また、「社会に戻りたいと思ったら、社会が自分を受け入れてくれるのか」といった多くの疑問点も、メディアを通じて伝わって来る。

　そして「タンピン族の予備軍」については、「仕事はあってもやる気がなければ、階層の固定化に文句を言いつつ、階層の固定化を助長するだけではないか」、「時が経ち年をとる頃には、ますます仕事がつまらなくなり、社会的危険分子になるかもしれない」等と若者を批判する声もある。

3-2　「タンピン」は社会の内省を呼びかける

　「タンピン族」を個人の視点に立って眺めれば、ゆったりとした生活を楽しめ、他人と比較するストレスにも耐える必要もなく、心が穏やかになり、一人で考える時間も多くなる。消費水準は下がるが、日常の物欲はほぼ満たされる。

　「タンピン」は、今の若者の心にある「無力感」を反映しているとも言える。「若者が力を注いでも目標に届かないとわかった時、苦労する必要はあるのだろうか。『タンピン』してスマホをいじっていればいいんじゃない?」「多くの問題がすぐに効果的に解決できないのだから、若者が『タンピン』を選択するのは仕方がない。貴重な自己調節の方法であると思う。」中国の「タンピン族」はこのように自己弁解している。また、「タンピン」とは、「無理せずに、仕事と生活のバランスを探している生活スタイルかもしれな

い」と強調する。

　総じて社会の発展速度があまりにも速い今、「タンピン族」は人々の関心を呼び起こし、「我々は社会、つまり経済的発展を重視しすぎて、若者の生きる意味を無視したのではないか」という社会の内省を惹起している。社会はどうすれば発展の主力である彼らをやる気にさせ、より良い発展を遂げることができるのかを大いに考えなければならない。

おわりに

　本稿では、中国の若者の「タンピン族」現象をテーマにした。中国の「タンピン族」と日本のフリーター、ニート、ひきこもりとの比較を通じて、若者が「タンピン族」に陥る原因を分析した。そして若者の「タンピン現象」をどうとらえるか検証してみた。

　まず、中国の「タンピン族」は三つのパターンに分けることができる。つまり、「希望を捨てたタンピン族」、「親頼みのタンピン族」、そして「タンピン族の予備軍」である。分析の結果、「親頼みのタンピン族」は、日本のニートやひきこもりに近く、「タンピン族の予備軍」は消極的なフリーターに近い。

　次に、「タンピン族」が生まれる背景について、経済状況、家庭環境、現代生活のストレス、若者の自信やコミュニケーション能力の欠如などを上げた。日本のニートやひきこもりの原因と共通点が見られる。したがって、日本の関連政策は中国にとっても参考になる。

　そして、若者の「タンピン現象」をどうとらえるかについては、賛否両論があるとした。すなわち「タンピン」は社会的発展を妨げる一方で、社会に内省を呼びかけている。

　これらに対してどう対処するかを考えなければならない。日本の経験から学べるところもありそうだ。日本では、90年代からひきこもりやフリーター、ニートに関する研究が数多く行われた。そこでは若者が直面する困難と複雑な心境を読み取ることができた。更に「タンピン」は国際的共通テーマとして、「タンピン族」が直面する社会的困難と彼らの心理を研究する必要がある。つまり、「タンピン族」の若者が本当に伝えたいのは、不安やストレスが少なく、テンポの速い生活の中で息抜きができるようになりたいということかもしれない。

　日本では、多くの研究の積み重ねから、行政及び地域の支援が的確に若者

を助けてきた。例えば、日本の非営利団体「ニュースタート」では、ひきこもり族と相談したり、簡単なアルバイトやボランティアをさせたりすることで、彼らの社会復帰を支援している。中国はそれに学ぶべきだと思われる。「タンピン」という社会現象を理解して初めて、「タンピン族」に対する政策が彼らを真に支援することに繋がるだろう。例えば、専門家が全国や地方の調査チームをつくり、若者の「タンピン現象」、すなわち「タンピン族」の規模、心理状態、行動様式、生活のストレスやそのニーズなどをより深く研究、分析した上で、具体的対応政策を打ち出すことが必要だ。

　また、「タンピン族」自身がどうすればいいのかについては、まず危機感を持って、自分の「やりたいこと」を見つけてみることが必要ではないだろうか。簡単なアルバイトや自分の興味のある仕事から始め、少しずつ社会に適応し、自信をつけ、人間関係を築いてみる。そして、自分が社会発展の主力であると信じることが必要だと思う。

　日中両国の共同の力は、今回の「タンピン族」の問題だけではなく、未来の様々な共通課題をめぐって、お互いに情報交換や経験の共有を通じて解決できるものと期待している。

参考文献
（日本語文献）

郭震「日本のひきこもり現象に関する研究――ニーズ観点見たひきこもり問題」、2021年6月4日 https://kreader.cnki.net（2021年10月11日アクセス）

近藤直司「社会的ひきこもりと自閉症スペクトラム障害」『自閉症スペクトラム研究』、2019年2月28日

石阪督規「地方都市におけるニートひきこもり支援」『東京未来大学研究紀要』、2018年2月28日

新井博達、弘中由麻、近藤清美「社交不安症状と対人的自己効力感が大学生のひきこもり親和性に与える影響」『J-STAGEトップ―パーソナリティ研究第24巻1号』p. 1-14（2015）

本田由紀一『若者と仕事　「学校経由の就職」を超えて』、東京大学出版会、2005年4月15日

玄田有史、曲沼美恵『ニート　フリーターでもなく失業者でもなく』、幻冬舎、2004年7月30日

小杉礼子『フリーターという生き方』、勁草書房、2003年11月10日

（中国語文献）

天涯時事「"躺平"的危害，遠遠的超過了你的想象！」、2021年6月21日　https://user.guancha.cn（2021年10月12日アクセス）

谢悦悦「用共同富裕解决内卷和躺平」、2021年8月23日　https://kns.cnki.net（2021年10月12日アクセス）

華図教育「"躺平"化的時代，還需要努力吗」、2021年6月2日　http://www.huatu.com/mianshi（2021年10月12日アクセス）

郭英剣「躺平化的時代，高校卒業生該何去何从」『中国科学報』、2021年6月1日

何今宇「从"低欲望"到"躺平"，你真的了解当代年軽人吗」、2021年7月9日　https://cn.ceibs.edu/new-papers-columns（2021年10月13日アクセス）

魔王財経「内卷闘争下，年軽人都躺平了，還指望生三胎？」、2021年5月31日　https://www.163.com/dy/article/GBBT9ORM05219ICN.html（2021年10月13日アクセス）

無星記「从“三和大神”到“躺平族”，年軽人就是不给你們打工了」、2021 年 5 月 6 日　https://www.163.com/dy/article/G9ADFRI90545KZQY.html（2021 年 10 月 13 日アクセス）

孔德継「躺平：資本縦横時代下的反支配邏輯」『中国経済観察報』、2021 年 8 月 4 日

大猫財経「日本年軽人集体躺平 30 年，背後真相太残酷了」2021 年 5 月 31 日　https://baijiahao.baidu.com（2021 年 10 月 11 日アクセス）

高広銀「“躺平”是否源於日本？」、2021 年 6 月 13 日　https://zhuanlan.zhihu.com（2021 年 10 月 11 日アクセス）

方唐説「資本家可以“割韭菜”，年軽人也可以“躺平”」2021 年 5 月 28 日　https://www.163.com/dy/article/GB428K8O0545MKRP.html（2021 年 10 月 14 日アクセス）

山田昌弘『少子社会』、上海教育出版社、2021 年 8 月

小林美希『不譲生育的社会』、上海訳文出版社、2021 年 8 月

陸学芸『当代中国社会階層研究報告』、2002 年

1　中国の「南部沿海地域」は広東省、浙江省、海南省、福建省、広西自治区を含む。

2　「改革開放」とは、鄧小平の指導下で、1978 年 12 月に開催の中国共産党第 11 期中央委員会第 3 回全体会議で決まった中国国内体制の改革および対外開放政策のこと。

3　「総合出産率」とは、合計特殊出生率（TFR）のこと。言い換えると「ある年における全年齢の女性の出産状況を一人の女性が行うと仮定して算出する数値」である。人口の男女比が 1 対 1 と仮定し、すべての女性が出産可能年齢範囲の上限である 49 歳を超えるまで生きるとすると、合計特殊出生率が 2 であれば人口は横ばいを示し、これを上回れば自然増、下回れば自然減となるはずである。国際的に合計特殊出生率は 2.1 が正常な水準、1.5 が警戒線とされ、1.5 以下だと人口は減り続ける。

4　中国の「一線、二線、三線都市」とは、最初は不働産市場から始まり、後に都市の総合力（政治、経済、文化、教育、人口規模などの面で）と競争力を測る基準に変化した。一線都市（例えば北京、上海など）の人口は 500 万人以上、二線都市の人口は 300 万人以上、三線都市の人口は 100 万人以上としている。

鄭伯奇青年はなぜ「国民文学」を唱えたのか
～世界主義と世界人の視点から～

東北大学大学院国際文化研究科博士3年

曽小蘭

はじめに

　中国近代の小説家・劇作家として著名な鄭伯奇^{（ていはくき）}は、文学団体・創造社創設の発起人の一人である。[1]彼は京都帝国大学在学中に『創造週報』誌上で「国民文学論」を発表し、それには国民としての意識を覚醒させる「国民文学」（National Literature）の必要性が説かれていた。

　国民文学については、幾つか先行研究が存在する。劉婉明（2014）は、「国民文学」の提唱によって「自我」と「国家」の関係が明確化され、「農民」「工人」が民族の象徴的存在となったと指摘している。[2]またYin（2014）[3]は、国民文学の提唱は、国家主権の絶対性よりも国民の結集を重視した結果であると考え、鄧捷（2019）[5]は国民の意識や感情を表現する手段として、国民国家建設を志向する「国民文学」を発表したのではないかと考察している。

　しかしこれまでの研究では、国民文学における「国民」とは何かを掘り下げた試みは存在しない上に、当時の社会情勢が国民文学提唱にどのような影響を与えていたのか、説明されていない。

　小論ではこれらの研究状況を踏まえて、鄭伯奇が構想した「国民」とは何かに焦点を当てたい。そして国民文学提唱に至った当時の中国情勢や、国民文学論における「国民」と「世界人」の定義に注目し、若き日の鄭伯奇が夢想した壮大な国民構想を明らかにしたい。

一、鄭伯奇の国民意識

　鄭伯奇による国民文学構想の発端は、彼の来日時期まで遡る。

　1917年に来日した鄭伯奇は、翌年（旧制）第一高等学校特設予科に、その後第三高等学校文科丙類へ転入、1922年4月に京都帝国大学文学部哲学科に入学する[5]。その後彼は少年中国学会に入会すると[6]、上海の日刊紙『新聞報』を活躍の場として本格的な文筆活動を開始している[7]。

　「国民文学論」の着想を得た経緯について、彼は後年このように回想している。

　　因為給《新聞報》写了二三年的通訊、在北方又聞了一些政局有関的消息、就憑自己一點単純的政治感覚、発表了一篇論文：《国民文学論》[8]
　　（『新聞報』で2～3年の時事報道をやっていたほか、北方の政局に関連するニュースに接していたので、（私は）単純な政治感覚で「国民文学論」を発表した）

　このように彼の『新聞報』での文筆活動と当時の政局への憂慮が、その後の文学の在り方に関する構想――「国民文学論」に結びついたのではないかという推測が成り立つであろう。

　ただ、この時期の鄭伯奇についての資料は極めて乏しく、彼がどのような着想を得て国民文学論の構想を巡らしていたのか。その詳細は明らかではなかった。

　しかし筆者は、彼が京都帝大に在学中に入会していた少年中国学会の機関誌――『少年中国』と『少年世界』に、若き日の鄭伯奇が文学のあるべき姿について様々な投稿を行っていたことを発見することができた。そこで『少年中国』『少年世界』に投稿された鄭伯奇の記事を手掛かりに当時の思想動向を探るとともに同時期の『新聞報』[9]における時事報道も対照しながら、京都帝国大学に入学した彼が「国民文学論」の構想へとどのようにつなげていったのかを考察する。

1-1　国民性の改造

　本論で取り上げる「国民文学論」であるが、名付け親は彼自身である。わざわざ国民文学を標榜する以上、彼がまず国民に対してどのような所感を抱いていたのか、それを明確にするべきであろう。

彼は『少年中国』誌上の「会員通訊」欄に国民のあるべき姿について、こう述べている。

①深憾<u>中国</u>及<u>中国人</u>的女性化、想得一種生命辣潑文学来鼓舞、来改造国民性。所以很想把「生命派」的文学介紹到少年<u>中国</u>来。[10]
　（<u>中国</u>と<u>中国人</u>の女性化に対して非常に残念だと思っているので、生命が強い文学を獲得し、国民性を鼓舞、改造したい。そのために「生命派」の文学を『少年<u>中国</u>』に紹介したい。）

②要治<u>中国人</u>的思想的病根、還是非将唯物的一元論多多輸入不可。[11]
　（<u>中国人</u>の思想の病根を絶やすためには、やはり唯物論的一元論を多く導入しないとはいけない。）

（下線は原文による）

このように、中国に強い生命力を取り戻すため、彼は「大正生命主義」と唯物論的一元論によって国民の意識を改変すべきと述べている。「大正生命主義」は現在においては耳慣れない言葉ではあるが、人知を超えた生命力を重視する大正時代の考え方であり、唯物論的一元論とともに、当時日本で流行した文化思潮の一つである。このことからも、日本の先進的な文化を中国へ移植することで、新しい中国のあり方を模索していたことが想像できる。

これを踏まえた上で、彼は「国民文学論」の着想を練る際に「北方で接していた中国の政局に関連するニュース」が影響を及ぼしたと自ら述べている。これは当時の中国（北京）情勢を指すものと思われるが、なぜ当時の政局が国民文学論に影響を与えたのか。

その事情を次節で検討することとしたい。

1-2　鄭伯奇による軍閥批判

京都帝国大学在学中の1923年夏、一時帰国した彼は当時の中国情勢を知り、こう回想している。

那年暑假我回青島、在当時新收復的海浜勝地上度過了愉快的假期。（中略）我到北京、是魯迅先生和陳西瀅筆戦正酣的時候。当時国内政局混乱、"国民軍"正在醞醸起事。我的童年朋友胡笠僧（筆者注：胡景翼）[12]率領陝西軍隊駐紮京漢路北段、我曽去過那裏[13]

　（その年の夏、私は青島市に戻り、日本から奪い返したばかりの海辺の
リゾート地（青島市）で楽しい休暇を過ごした。北京に到着した時とは、
魯迅先生と陳西瀅との筆戦が激しく行われていた頃である。当時は中国国
内の政局が混乱しており、「国民軍」が建軍されつつあった。私の子供時
代の友達・胡笠僧は陝西軍を率いて京漢鉄道の北部沿線に駐屯していたが、
私はそちらに行ったことがある。）

　ここで鄭伯奇が述べる政局混乱は、第一次奉直戦争と第二次奉直戦争との
間の軍閥割拠を意味する。つまり彼の脳裡では、この種の軍閥跋扈から中国
の将来に深く暗雲が立ちこめていることを憂慮していたのである。
　その憂慮はこれにとどまらず、『新聞報』への寄稿記事にも如実に反映さ
れている。
　1922年2月10日から1925年6月2日にかけて、彼は『新聞報』の「緊要新
聞」欄で合計77篇の記事を発表している。記事が多数に及ぶので、その概
況を示すと以下の通りである。

表1　『新聞報』における鄭伯奇の時事解説[14]

内容 表題:「日本特約通信」	時間	1922年	1923年	1924年	1925年
日本に関する記事	政治	15	5	0	1
	軍事	11	0	0	0
	外交	6	5	0	0
	社会	2	0	0	1
	合計	34	10	0	2
日中関係に関する記事		11	11	0	0
日露関係に関する記事		4	5	0	0

　ちなみに鄭伯奇の「国民文学論」は1923年12月23日〜1924年1月6日に
発表されている。そのため上掲の表の中でも、読者が注目すべき箇所は
1922年と1923年までの寄稿記事である。この時期の記事内容を概観すると
日本や日中関係記事が多い。また「日中関係に関する記事」を更に注目する
と、奉直戦争をめぐる記事が5件確認できるのである。

表2：日本と奉直戦争との関連性についての一覧

時　間	表題：「日本特約通信」	日本語訳
1922年5月21日	▲日本對於奉直戰爭之態度	▲奉直戦争に対する日本の態度
1922年6月18日	▲日本報紙關於奉派舉動之記載 ▲日報紙對於直派統一運動之批評 ▲日政府對我態度之表裏	▲奉派の動きをめぐる日本新聞の記載 ▲直派の統一運動をめぐる日本新聞の批判 ▲日本政府の我が国に対する態度の表裏
1922年6月30日	▲奉直戰中之日本 ▲奉直戰爭與日本 ▲交通罪魁亡命日本 ▲內田外相之中立宣言 ▲奉直戰爭與日美絋紛	▲奉直戦争の中の日本 ▲奉直戦争と日本 ▲交通犯人が日本に亡命 ▲内田外相の中立宣言 ▲奉直戦争と日米紛争
1922年8月8日	▲日本對滿蒙之態度	▲満蒙に対する日本の態度
1923年6月26日	▲北京政变[15]與日本輿論	▲北京の政変と日本の世論

　表2から見ると、最初の4件は、第一次奉直戦争停戦後3ヶ月以内に書かれたものであり、残りの1件は、その後の北京の状況とそれに対する日本の動向を紹介していた。当時の日本は、中国政局の混乱を引き起こしたのは日本ではなく、直隷派軍閥であったと非難しているが、鄭伯奇は米英の列強の対応に失望するとともに、日本の侵略加速を憂慮するコメントを残している。なぜ鄭伯奇は英米等の列強諸国の動向に関心を抱いたのか。それは、日本外交との関連性があったと思われるのである。彼は『日本特約通信▲日本国際之地位及其與列国之関系』（1923年4月17日）の中で「日本固陷於孤立之地位、然以實力增加之結果、各国不敢軽視、苟非有利害切身之関系、不肯軽易與日本開戦。（日本は孤立した地位に陥ったが、実力が増加していたという結果によって、各国は日本に軽視せず、利害関係がない限り、簡単に日本と戦うことを拒否する）」と述べ、彼は列強の援助を期待できないと指摘している。そして軍閥割拠の状況では、中国は世界において孤立し、最終的に日本に侵略されることになるだろうと憂慮を深めているのである。

　このように鄭伯奇の回想録と『新聞報』に掲載された記事と組み合わせて分析すれば、鄭伯奇にとっては軍閥による国内紊乱や世界の列強への深刻な憂慮が国民文学論の背景に存在したのである。

　以上、鄭伯奇が「国民文学論」の着想を得たという二つの要素──『新聞報』での文筆活動と当時の政局への憂慮──を確認したが、その後の文学の在り方に関する構想を実現するために、彼はなぜ「国民文学」を立ち上げるべきと考えるに至ったのか。それを理解するには当時の中国では見慣れない

「国民」という用語の中に、彼が込めた思いを理解しなければならない。

二、国民文学論における国民意識

2-1　国民の連帯感について

　軍閥によって四分五裂しかねない中国の危機、それに遭遇した時期に発表された「国民文学論」は、軍閥の混乱を終息させるには、中国における同胞意識の育成が必要ではないかという意味合いが込められていた。

　「国民文学論」の中で彼はこのように述べている。

　　同一民族的人們大都属於同一組織的国家、習用同一的語言、具有同一的気質（国民性）、風俗習慣相同、利害関係相同、並有共同的歴史和伝説:所以類似意識発達到極致了[16]

　　（同一の民族の人々は、ほぼ同じ組織の国家に所属し、同じ言語を使用し、同じ気質（いわゆる国民性）を持ち、風俗習慣や利益関係を共有し、共同の歴史伝説を有しているので、同胞意識の発達が最大限に発揮されている。）

　　　　　　　　　　　　　　　　　　　　　　　　（下線筆者、以下同）

　鄭伯奇はこう述べる。国民には「郷土愛（愛郷心）[17]」と「類似意識（同胞意識）」の二つが必要であり、「郷土感情を国民の共同生活のレベルにまで高める[18]」文学が国民文学であると。そして彼は中国の人々に自覚と意識を発揚するために、「同胞意識」が必要である、また文化的側面から連帯が是非とも必要であるとも述べ、ここで「国民」という言葉を活用している。

　さらに彼は、我々国民は意識の刷新が必要であると自説を展開する。例えば「同胞意識」を阻んでいたのは、実は中国人が抱く根強い「郷土偏愛」であると彼は考えている。

　　愛自己的生地（Pays natal）、是中国人愛郷心的極限、社会生活最重要的国家、反被他們視之度外。招致了現在各省割據的時局便是這種変態的愛郷心発達的結果。（中略）中国人的民族意識又向他方向作了変態的発達、由自尊自大的妄想変成了自卑自小的気象。現在差不多的中国人都把外国人——很籠統的名辞——崇拜為優等民族、甘心自己承認為半開化的野蛮民族了[19]。

　　（出身地を愛する（故郷を愛する）、それが中国人の郷土愛の極限であり、逆に、彼らは社会生活の最も重要な部分である国家のことを気にしない。

現在の各省に割拠している時代となっているのはこのような故郷を愛する心理の発達した結果である。中国人の民族意識は自尊自大な妄想から自らを卑下する気風になった。今ほとんどの中国人は、外国人（非常に曖昧な言葉である）を優等な民族として崇拝しており、自分たちが半文明的な野蛮人であることを認めようとしている。）

このように中国人は極端に郷土愛が強すぎるが故に、国家を蔑ろにした。そのため、各地が軍閥で割拠している政局を引き起こしたのではないか、と述べる。この分析は短絡的とも思われるが、当時の若き鄭伯奇の眼にはそのように映ったのであろう。そのため鄭伯奇は郷土愛にまさる国民意識を植え付け、外国人に対する劣等を克服するためには、人々が連帯するために同じ国としての同胞意識が是非とも必要であると考えていたのであり、それが国民文学論における「国民」の重要性に結びついたものと思われるのである。

2-2　世界人の位置付け

このように「国民文学論」では国民としての連帯の必要性が提唱されていた。となると、これは愛国心の醸成という目的を鄭伯奇が夢想しているように思われよう。だが彼は愛国心の高揚ではなく、中国人が世界人（コスモポリタン）になることが最終的な目標であると述べているのである[20]。

国民連帯の必要性を認識しながらも、中国国民が目指す目標は世界人であるという論理は一見彼自身が自家撞着に陥っているかのような印象を拭いきれない。それを理解するキーワードとなるのが、彼の掲げた文学という役割なのである。

「国民文学論」において、彼は文学についてこのように説明している。

①芸術家既然也是人、一様地在社会上做現実生活、対於現実生活利害最切的国家、対於自己血液相同的民族、他能毫無感覚廃[21]？
（芸術家も人間であり、同様に社会で現実の生活を過ごしているので、現実の生活の中で利益関係が最も一致している国家や、自分と同じ血が流れている民族に対して、何も感じないということがあろうか？）

②現在中国高唱芸術派的先生未免過於Dilettante了。中国是怎様的国家？中華民族是負有怎様的運命？他們心頭未嘗想到過[22]。
（現在の中国に芸術派を提唱している方はあまりにも素人っぽい。中国

はどんな国家なのか？　中華民族の宿命とは？　彼らはそれを考えたことがない。)

　ここで鄭伯奇は文学者が国家や民族に対して、より関心を寄せる必要性があると述べている。しかし彼は、「国民文学絶対不是利用芸術来鼓吹什麼国家主義或新国家主義的（国民文学は絶対に芸術を利用し、ある「国家主義」または「新国家主義」を鼓吹するものではない）[23]」と「国民文学」と「国家主義」を区別すべきであると述べ、当時注目されていた国家主義と一線を画している。その上で彼が標榜したのが国家主義ではなく「世界市民（世界人）」になるというものである。この世界人の構想について、彼は以下のように説明している。

　　我們是世界市民、我們是Cosmopolitans、這是我們的理想；我們是中国人、是漢人、這是現実。（中略）文学家、芸術家要深切地体験現実。是個中国人、他便要観照中国人的生活、感触中国人的性情、関心中国人的運命；[24]
　　（我々は世界市民であり、コスモポリタンであるというのが理想であり；我々は中国人であり、漢民族であるというのが現実である。文学家や芸術家は、現実を深く体験しなければならない。中国人であれば、彼は中国人の生活を考察し、中国人の気質を感じ、中国人の運命に関心を寄せなければならない。)

　このように中国人が世界市民（コスモポリタン）になることが理想と述べるとともに、中国の文学者は、現実の生活から中国人の生活に関心を寄せ、国民の連帯感（国民感情）を高め、ひいては民族や国家の別を超えた同胞意識を育むことが必要ではないかと、考えているのである。
　ここで彼が提唱した世界人と世界主義について解説しておく。世界主義は民族や国家を超越した一つの共同体を形成し、すべての人間が平等な立場でこれに所属するという思想を意味し、世界人は、国籍や国民感情などに左右されず、世界的視野をもつ人のことであり、鄭伯奇はこの時期から軍閥はおろか国家の存在自体が中国社会の将来には不必要であるという極めて先進的な考えを持っていた。その構想は、哲学や思想に傾倒した彼ならではの草案であり、この現実を超越した理想を語ったところに、青年時代特有の理想主義的性格が如実に表れたのではないかと思われるのである。
　このように鄭伯奇は愛国のスローガンと国家主義を排除し、国民の連帯感

と世界の統一を求めた。そして全人類を同胞とみなして世界国家を樹立し、人類社会の統一をはかろうという壮大な構想を考えていたのである。

三、国民文学論における国際的な社会主義について

3-1　国民から始まった社会主義への関心について

このように世界人実現を標榜した鄭伯奇であるが、『少年中国』誌上の記事でも社会主義を介して世界に眼を向ける姿勢が見える。

彼は『少年中国』の「会員通訊」で、当時の日本で流行していた社会主義について次のように述べている。

　　日本自従近両年来、社会主義的学説大盛、但講社会主義的一些人、大都只以社会組織、階級戦争、労働問題為他們論説的基調、不去求哲学、社会学上的根據；就最好的也都不過是以経済学来説明社会主義而已[25]。
　　（日本ではここ二三年、社会主義の学説が盛んに行われている。しかし、社会主義を宣伝している人々は、大抵社会組織、階級戦争、労働問題から論説しているに過ぎず、哲学・社会学上の根拠を追求しない。最も良いものでも経済学を用いて社会主義を説明するに過ぎないのだ。）

ここで「以経済学来説明社会主義（経済学を用いて社会主義を説明）」とあるのは、マルクス経済学を指すが、鄭伯奇は社会主義を説明するに過ぎない現状に不満を抱いていたことがここから判る。また、1921年に開催された少年中国学会南京大会で、彼は「国家主義」「社会主義」について、彼は以下のように述べている。

　⑴要講主義応従社会主義起碼。
　　（主義を語るなら社会主義から始めよ。）
　⑵要研究主義、可以国民為対象而去一種実験的態度[26]。
　　（主義を研究すれば、国民を対象とした実験的な態度を取るべきだ。）

このように鄭伯奇は国民の立場から社会主義の実現を希求し、社会主義を単なる空理空論に終わらせず早急に実践すべき課題であると認識している。

また彼は更に社会主義へ向けた一致団結の姿勢に特徴がある。彼は少年中国学会南京大会で、社会主義の派閥について以下のように述べている。

　固然是的、僅説社会主義四字、範囲太寬泛了。賛成強権的広義派哪、反
對強権的安那其派哪、工団主義哪、基爾特社会主義哪、各不相同、各有特
色。（中略）我以為我們不成這様細分的必要、也不見得将来的少年中国必
須属於以上的各派。[27]

　（確かに、ただ「社会主義」の四文字から言うと、その範囲はあまりに
広すぎる。強権に賛成する広義派（ボルシェヴィズム）、強権に反対する
アナーキズム、アナルコサンディカリズム、ギルド社会主義のそれぞれは
異なっており、独自の特徴がある。私はそれをそんなに細分化する必要が
ないと思っている。また将来『少年中国』が以上の各派に所属することも
ない。）

　このように、鄭伯奇は社会主義の派閥を過度に細分化する必要はないと考
えている。その理由は、当時のソビエト連邦の情勢にあるものと思われる。
当時コスモポリタニズムを指向した国家はソビエト連邦である。鄭伯奇が述
べるボリシェヴィキは、ロシア革命を世界革命の発端と考えていた。しかし、
ソ連が期待していた世界各地での革命は起こらず、コスモポリタニズム的な
世界革命論を唱えたトロツキーは追放され、スターリンがソ連の実権を握っ
た後は一国社会主義へと方針を大きく変えてしまった。鄭伯奇が国民文学論
を発表した時期は、まさにトロツキーとスターリンによるせめぎ合いの中に
あり、鄭伯奇青年はこの理想と現実の狭間で対応に苦慮したのであろう。そ
のため政治活動に参加しない少年中国の会員にとっては、広い意味での社会
主義を理解する必要性を説いたものと思われるのである。

　また鄭伯奇は、中国の現状を踏まえ、中国の将来に向けた社会主義につい
て、以下のように推測している。

　第一、中国的資本主義由於外国勢力之脅迫而発動、由了外国勢力和財力、
技術的保育而成長。将来中国社会主義的特色第一便是国際的這一點。固然
社会主義、本来都應該主張国際主義乃至世界主義；但是中国的国際色彩之
與他国不同、是最明確的事實。
　（中略）
　第三、自革命以来、中国人努力於脱歴史的羈絆、所以一切行動多是反歴
史的。那麼将来中国的社会主義承這個思潮、一定対於集権制、頭目制、独
裁制是反対的。[28]

　（第一、中国の資本主義は外国勢力の脅迫によって発生し、外国の勢力と財力、技術の保護によって成長していた。そのため、将来の中国社会主義の特色は第一に国際的であるという点である。<u>社会主義は元々国際主義、更に世界主義を主張すべきである；しかし、中国の国際色彩は他国と異なって、最も明確な事実である。</u>

　第三に、革命以降、中国人は歴史の束縛から抜け出すために力を尽くしているので、すべての行動はほぼ反歴史的である。将来の中国の社会主義はその思潮を継承し、必ず集権制、頭目制、独裁制に反対する。）

　下線部で彼は「社会主義は元々国際主義、更に世界主義を主張すべきである」とあるように、我々は国家の別のない大同世界の実現を目指すべきとしている[29]。このように鄭伯奇は世界各国の労働者階級と協力し、世界人を実現させることを望んでいたものと思われるのである。

　また、彼はそれと同時に、集権制・頭目制や独裁制を反対することで、強権的な政治体制から一線を画し、アナーキズムが社会主義の最終形態である[30]とも考えていた。

　以上のように、鄭伯奇の構想した社会主義の特徴について、国民の連帯感、国際的な社会主義及び世界主義が登場するが、これらの三要素が「国民文学論」にどのように関係していたのかについて、以下で考察することとしたい。

3-2　文学による国民結束への提唱

　鄭伯奇は「国民文学」を提唱する際に、「平民文学」や「階級文学」のあり方について検討している。まず「平民文学」の問題点について、彼はこのように指摘している。

　平民文学を提唱する「有閑階級」[31]は、被圧迫階級の生活を観察せず、彼らの実情を深く理解することがなかった[32]、そのため、彼らへの同情が不十分ではないかと指摘した。（鄭伯奇等の創造社同人がいう「有閑階級」とは、資産階級を指していたほかにも、郭沫若や鄭伯奇等の創造社同人による既存文壇における魯迅や胡適らに対する認識も示している[33]）。これら「有閑階級」の知識人の責任をめぐって、彼は「国民文学論」の中で以下のように述べている。

　　我望他們於忠実於自己生活之外、須把自己的生活範囲——至少把自己的生活意識——擴張。（中略）我只勧我們的作家和批評家把生活意識擴張到

国民的境界上去。（中略）我們只意識到国民上、我們對於貧困和被壓迫階級、自然有一種同情。

（私は彼らが忠実に自己生活を（描写する）ほかにも、自己生活の範囲、少なくとも自己生活に対する意識を拡張するよう希望する。そしてただ我々の作家や評論家が生活の意識を国民の境界まで拡張するよう要望する。我々は国民を意識してこそ、自然に貧民や被圧迫階級に同情を表すものである。）

このように「有閑階級」の知識人は自己生活を描写する以外にも、国民の生活にも関心を寄せるべきであると述べるものの、「有閑階級」の自己生活を尊重する姿勢も見せ、彼らが完全にブルジョアジーから無産階級者の陣営へと転向することを強制しなかった。

また、国民に対する関心によって、知識人が被圧迫階級などの無産階級者に同情を示すことができるとも指摘しており、鄭伯奇は知識人の描写対象が無産階級者だけではなく、一般国民であることを示している。このように、当時の彼は無産階級文学を提唱することを否定していたのである。

その理由について、鄭伯奇は社会主義を宣伝する中で、無産階級文学の中に、被圧迫階級への同情が誇張される可能性があるからと考えていた。また、彼は資産階級者（第三階級）が無産階級者（第四階級）に代わり、無産階級者の不平を訴えることを認めているが、無産階級者が自分の苦痛を体験してこそ、自らの筆で表現するしかないとも述べている。このように、「平民文学」の批判を組み合わせて分析すれば、資産階級は無産階級を真の意味での共感を得られないと彼は考えているのである。

そのため鄭伯奇は、水と油の関係にあった資産階級者と無産階級者の両者をどのように結びつけるのかについて以下のように述べている。

我們不主張階級文学而先提倡国民文学。凡同属於一個民族、対於自己的民族都有同一的感情——不管他是属於那一個階級。由這国民的自覚、慢慢可以進而為階級的自覚。並且可以促進異階級間的共感和同情。這様説来、国民文学実是階級文学的先導。（中略）階級文学在今日的中国還太早、中国所要求的、正是国民文学。

（我々は階級文学ではなく、最初に国民文学を提唱する。同じ民族に所属すれば、どんな階級の人々であっても、自分の民族に同一の感情を持っている。この国民の自覚から、徐々に階級の自覚へと促進できる。と同時

に、各階級間の共感と同情を促進できる。そうすると、国民文学は実に階級文学の先導である。<u>今の中国では階級文学が時期尚早、中国にほしいものは、国民文学である。</u>）

　以上述べたように、鄭伯奇は国民文学を提唱することで、中国国内の資産階級者と無産階級者との間に「国民」というカテゴリーを設け、国民の意識を結集させようとしていたことが判る。鄭伯奇は軍閥によって四分五裂状態にあった中国の現状から、資産階級者にせよ、無産階級者にせよ、だれもが国民を基軸に物事を考えることで、様々な人々の間に一体感をもたらすべきと考えていたのであろう。

　以上、鄭伯奇の国民文学論について検討を行った。彼の標榜した国民文学論には社会主義という当時の政治的な動向が色濃く反映されており、それらを網羅的に把握し、分析するために当時の言論を含めて紹介しなければならず、些か政治的な色彩の強い論考になってしまった。しかし、当時の鄭伯奇が理想とする社会の中で大きな存在であった社会主義的思想なしには彼の国民文学論は検討出来ない。

　現代の視点から過去の是非を問うことは容易である。しかし当時の鄭伯奇の視座から同時代の中国や世界を見た国民文学論は、その後の中国における文学のあり方を大きく変える示唆を与えるものとなったことを、我々は忘れてはならないのである。

おわりに

　本研究では、鄭伯奇の創見である「国民文学論」の創作前後の経緯とその内容を考察した。その要旨は以下の通りである。

　鄭伯奇は京都帝国大学在学中に『創造週報』誌上で「国民文学論」を発表、そこでは国民の意識を覚醒させる「国民文学」の必要性を説き国民連帯を強調した。

　彼が国民の連帯の重要性を説いたのは、軍閥によって四分五裂状態にあった中国の現状からであるとともに、他国の利益を侵略する国家主義という概念に反対するためであった。彼は郷土愛にまさる国民意識を植え付け、外国人に対する劣等感を克服するためには、人々が連帯するために同じ国としての同胞意識が是非とも必要であると考えていた。また国家主義の弊害を取り除くために、中国人を世界人へと昇華する国際的な社会主義の必要性を述べ、

愛国心の高揚ではなく、中国人が世界人（コスモポリタン）になることが最終的な目標であるという壮大な構想を考えていた。

　彼の提唱する世界主義は、民族や国家を超越した一つの共同体を形成し、すべての人間が平等な立場でこれに所属するという思想を意味した。また世界人とは、国籍や国民感情などに左右されず、世界的視野をもつ人のことであり、鄭伯奇はこの時期から軍閥はおろか国家の存在自体が中国社会の将来には不必要であるという極めて先進的な考えを持っていた。

　その構想は、哲学や思想に傾倒した彼ならではの創案であり、この現実を超越した理想を語ったところに、青年時代特有の理想主義的性格が、鄭伯奇が掲げた世界主義に如実な形で表れたのではないかと思われるのである。

本論から見た今後の日中関係に関する提言

　本研究で現在の我々が注目すべき点に、鄭伯奇による世界人の提唱と、世界主義があるのではないか。彼が提言した世界人や世界主義の中に、社会主義の要素が色濃く反映している。それは否定できない事実ではあるが、政治思想はともかくも世界人や世界主義という概念は、時代を経ても色あせない一種普遍性を持つ目標ではないかと思われるのである。

　すべての人類を一つの国家に統合しようという彼の世界主義は、すべての人間が平等な立場でこれに所属するものであるという発想から生まれており、当時の軍閥の対立や内乱を回避しようとする願いから生まれたものと思われる。

　このように鄭伯奇による世界主義は、あくまで当時の中国情勢に由来するものであるが、現在我々が置かれている日中間の情勢を見ても、彼の構想に学ぶところが多い。

　例えば世界共通の問題である地球温暖化による海水面の上昇などの地球環境の汚染と破壊による人類の危機は、国家を超えた取り組みが必要であり、その実現には世界主義的な大きな枠組みが是非とも必要だからである。

　また、鄭伯奇が抱いた世界人という発想にも、時代を超えた先見性が見られる。

　彼の言う世界人（コスモポリタン）とは、世界の人々は、地球市民として平等である。そして個人がその属する民族、国家などの特有な価値観念や偏見をすてて、全人類を同胞とみなすべきという考え方を指し示す。この雄大なアイデアを、当時の一介の留学生が構想として練っていた点でも刮目すべきものである。またこの鄭伯奇の掲げた世界人という発想は将来的な日中間

の未来像にも重なるのだ。

　現在の日中関係には様々な懸案が山積し、意見の食い違いもある。国家間の問題で意見が食い違うのは正常なことであり、そうであるからこそ、日中は率直な意見交換を行ってゆくべきである。しかし鄭伯奇は同じ地球人という同胞意識を見出し、国家間の利害損得を捨て去り、双方の利益に資する社会を築くことが理想であると示している。

　戦乱の絶えぬ20世紀が終わり、我々は次の世紀を生きている。この21世紀で平和で豊かな新しい世界を樹立するために、私たちはこの鄭伯奇の夢の実現を今こそ期するべきではないのだろうか。

　我々は現実に挑戦と困難に直面している。100年前の一介の青年が抱いた創案も、結局見果てぬ夢に終わってしまったのは事実である。しかし彼の抱いた情熱を今こそ受け継ぎ、日中双方が同じ志を抱いて困難に立ち向かえば、我々は必ず新たな社会を切り拓くことが出来ると信じている。

　　［付記］本論文は2021年度公益財団法人 松下幸之助記念志財団の助成を受けた研究成
　　　　　果の一部である。

1　鄭伯奇「憶創造社」、王延晞・王利編『鄭伯奇研究資料』、山東大学出版社、1996年、91頁、及び小谷一郎『創造社研究』汲古書院、2013年、24 ～ 29頁
2　劉婉明『日本留学与創造社作家的国家想像』花木蘭文化出版社、2014年
3　Yin, Zhiguang, Politics of Art: The Creation Society and the Practice of Theoretical Struggle in Revolutionary China（Leiden: Brill, 2014）、91 ～ 99頁
4　鄧捷「留学と愛国、そして詩——聞一多と鄭伯奇・穆木天」、孫安石他編『中国人留学生と「国家」・「愛国」・「近代」』、東方書店、2019年、139 ～ 145頁
5　伊藤虎丸編『創造社研究：創造社資料別巻』アジア出版、1979年、100 ～ 129頁、及び「鄭伯奇年譜」、前掲『鄭伯奇研究資料』、17 ～ 20頁
6　前掲『創造社研究』13 ～ 15頁
7　鄭伯奇「憶創造社」、前掲『鄭伯奇研究資料』115頁。原文：「我又参加了"少年中国学会"、由於這種関係、曾経有一個時期、我給《新聞報》担任過日本的特約通訊。」（私は更に少年中国学会を加入していた。それによって、ある時期に、私は『新聞報』における日本の特約通信員を担当した。）
8　鄭伯奇「二十年代的一面——郭沫若先生と前期創造社」、前掲『鄭伯奇研究資料』、73頁
9　『新聞報』は1893年に英国人A. W. ダンフォースや中国人の実業家の張叔和の合弁により、上海で創刊した日刊紙である。張立勤「1927 - 1937年民営報業経営研究——以『申報』、『新聞報』為考察中心」、復旦大学博士課程論文、2012年
10　鄭伯奇「会員通訊」（「致仲蘇・慕韓・代英函」）、『少年中国』2巻1期、1920年7月15日、63頁
11　鄭伯奇「鄭伯奇致幼椿函」、『少年中国』第1巻第11期、亜東図書館、1920年5月15日、63頁
12　胡景翼（1892—1925）は、字笠僧、励生、陝西省富平人の軍人・革命家。胡景翼著・中国社会科学院近代史研究所編『胡景翼日記』江蘇古籍出版社、1993年
13　前掲「憶創造社」115頁
14　中国のデータベースである『全国報刊索引』に所属している『新聞報』による。**表2**も同じ。https://www.cnbksy.com/product/productDescription?id=122&isProduct=true

15 ここで言及した北京政変とは、1924年10月に馮玉祥が起こした政変ではない。1923年6月に黎元洪大統領が追い出されて内閣が破壊し、首都北京が無政府状態になったことを指している。

16 鄭伯奇「国民文学論」、前掲『鄭伯奇研究資料』、218～240頁（初出：『創造週報』33号、34号、35号：1923年12月23日、30日と1924年1月6日）
「国民文学論」、228頁

17 前掲「国民文学論」、226頁

18 前掲「国民文学論」、227頁

19 前掲「国民文学論」、230頁

20 前掲「国民文学論」、230頁。原文：「我不是唱什麼愛国高調，在20世紀的我們都有作世界人的義務和権利，誰還肯做時代錯誤的夢想。但是愛郷心與国民意識病態発達到了這様程度的中国人，有做世界人的資格沒有？（私は何の愛国のスローガンを唱えていない、20世紀の我々は世界人の義務と権利を持っているから、誰でも間違った時代の夢を見るわけがない。しかし、愛郷心と国民意識が奇形的に発達し、ほぼ病態的な程度に達している中国人は、世界人になる資格を持っていないのではないだろうか？）」

21 前掲「国民文学論」、220頁

22 前掲「国民文学論」、221頁

23 前掲「国民文学論」、220頁

24 前掲「国民文学論」、223頁

25 鄭伯奇「会員通訊」（「鄭伯奇致慕韓函」）、『少年中国』2巻1期、1920年7月15日、61頁

26 鄭伯奇「少年中国学会問題・鄭伯奇」、『少年中国』第3巻第2期、1921年9月1日、39頁

27 前掲「少年中国学会問題・鄭伯奇」、38～39頁

28 前掲「鄭伯奇等的提案」、68頁

29 陳廷湘「中国近代民族主義與世界主義的對抗與共存」、『社会科学戦線』第1期、2021、129～132頁、桑兵「世界主義與民族主義——孫中山對新文化派的回應」、『近代史研究』第2期、2003年、77～99頁

30 前掲「鄭伯奇等的提案」、68頁。原文：「因為我以為無政府主義，是比社会主義更進一級的。」（私はアナーキズムが、社会主義より一つ昇級するものだと思っているからだ。）

31 有閑階級は財産があり、生産的労働につかず、閑暇を社交や娯楽などに費やしている階級を意味する。詳細はヴェブレン『有閑階級の理論』（岩波書店、1961年）のほか、中国については服部武「中国の有閑階級の学問について」（『東京水産大学論集』2号、1967年）参照。

32 前掲「国民文学論」、224頁

33 前掲 Politics of Art: The Creation Society and the Practice of Theoretical Struggle in Revolutionary China, 96頁

34 前掲「国民文学論」、224頁

35 前掲「国民文学論」、225頁

36 前掲「国民文学論」、225頁

37 前掲「国民文学論」、225、226頁

清末女子学生の日本留学体験
〜近代日本における異文化の融合と衝突〜

東北大学大学院国際文化研究科
GSICSフェロー
楊妍

はじめに

　清朝政府は近代化を遂げた日本に注目し、様々な改革運動を実施した。その一方で、日本の教育界も当時中国の教育機関との教育提携・交流を模索しており、日中両国の教育界の交流は清末以降から活発に行われた。そのため日清戦争後の1898年以来、多くの中国人留学生が来日し、彼らを経由して日本の近代化というモデルが紹介され、中国社会の政治や社会体制を大きく動かした。そのような変化の中で男性と異なり、中国の女性は長期にわたって封建礼教（封建社会の礼儀道徳）に束縛され、容易に国外に出ることができなったが、ごく少数の革新的な女性も海を渡って日本に留学し始めた。

　先行研究では、中国人女性の日本留学に関する史的事実などの研究に重点が置かれることが多かった。また、中国人女子留学生個人の研究については、代表的な人物としての秋瑾、何香凝を除いては、十分な研究が行われなったようである。とりわけ、この時期の中国人女子留学生に対するイメージ、そして日本留学の経験が彼女ら自身に如何なる影響を与えたのかに関する研究はいまだに欠落している。

　そこで本研究は、明治期の代表的な女性向け刊行物である『女学世界』と留日中国女学生の手によって出版された『中国新女界雑誌』を主要な史料として用いて、「異文化の融合と衝突」及び「女子留学生の日本女子教育観」という2つの方面から考察することによって、近代日中交渉史及び中国人日本留学史における日中関係の一側面を明らかにしたい。

一、時代背景及び研究対象

1-1　時代背景──彼女らは何故日本へ？

　日本では1872年に学校教育制度が作られ、学齢期の男女に就学が認められ、1900年には女児の就学率が71.7％に到達した。そして、1899年2月、勅令として「高等女学校令」が公布され、日本女性の中等教育もかなり普及した。一方、清末の学校教育制度は1904年に開始したが、女子学校教育が正式に認められるのは、1907年のことである。

　また、日清戦争の清朝敗北は維新派の男性知識人に極めて大きな衝撃を与え、「救亡圖存」（民族、国家を救い生存を図る）を目下の急務であると考えるようになった。

　女子教育の気運が強まるなかで、この時期は女子学生の海外留学、特に日本への留学が盛んになってきた。日本では、1902年の『大陸』という総合雑誌に掲載された記事によれば、「中国の女子数人、航海して日本に来るあり、日本教育大家、華族女学校学官監下田歌子先生監督の下にありて業を習ふ（中略）これらの留学生は、挙止閑雅、志趣高尚、日本人に対しても亦た懼懼せず、彬々として礼あり、遥かに日本婦人の能く及ぶ所にあらず」と女子留学生の受け入れにおいて当時の日本人は基本的に歓迎の態度を示したことが読み取れた。

　中国女子留学生を受け入れた機関の中で特に目を引くものに、下田歌子（1854年〜1936年）が経営した実践女学校がある。彼女の女学校では1905年から付属女子留学生師範工芸速成科を設け、多くの中国女子留学生を受け入れた。実践女学校は1899年5月7日に東京市麹町区元園町二丁目四番地に開校し、清末女子留学生を多く受け入れた代表的な教育機関である。下田はこれらの留学生に接した感想として、極めて聡明で交際に長けており、まるでアメリカ人女性のように進取の気性を持ち、日本女性のひたすら温順なのとは違うと高く評価している。

　これらの女子留学生は、主として知的で富裕な上層階級の出身者からなっていた。受け入れ側の学校にとって、留学生は学校の「好財源」ということであった。『女学世界』には「金がないのが玉に瑕。経綸胸に溢れても、手を空しうして立ン坊をせねばならぬ場合が少くない。此時にあたり一個の好財源となりしものは清國留学生の教育と云う事だ」と記される。

　一部の日本の知識人は、女子留学生に対して「挙止閑雅」、「志趣高尚」と高く評価した。しかし、下田歌子が主宰した実践女学校の教育目的は、「本

邦固有の女徳を啓発し、日進の学理を応用し、勉めて現今の社会に適応すべき実学を教授し、良妻賢母を養成する所とす」と、「西洋文明」に対抗できる良妻賢母という理想的な女性像を高らかに掲げ、明治日本の女子教育を方向付けていくのである。これが必死に救国の方法を探究しようとする女子留学生との間に、必然的に大きな食い違いを生じさせたと思われる。

　そこで、実践女学校と同じく「賢母良妻たるに資せむと欲す」と唱えた明治期の女性誌である『女学世界』と「女性の独立」を支持する中国人女子留学生が執筆した『中国新女界雑誌』に注目し、中国人女子留学生を包含する中国人女性に関わる記事に焦点を当て、彼女らの日本での生活様相が具体的にはどのようなものであったのかを可視化させる。

1-2　研究対象──『女学世界』と『中国新女界雑誌』

　『女学世界』は博文館より明治34年（1901年）1月に刊行され、終刊は大正14年（1925年）6月である。第1巻第1号から第25巻第6号まで増刊号を加えて総計350冊である。読者は女学生年代を中心とした10代後半から20代の女性層であったと考えられる。山口昌男によれば、博文館は「明治の最大の文化産業というべき出版企業の雄」であり、1887年に『日本大家論集』を創刊して以来、多種の雑誌と書籍を出版して成功を収めた出版社であった。

　博文館では『女学世界』以前に、『日本之女学』（1887年8月～1889年12月）、『婦女雑誌』（1891年1月～1894年12月）など女性雑誌が出版され、女性を読者として想定した雑誌を発行しており、『女学世界』はこれらの雑誌の後継誌というべき位置にあると小山静子は指摘する。『太陽』（1895年～1928年）の創刊によって最盛期を迎えた博文館が、比較的短命に終わった刊行物を引き継ぎつつ、発行したのが、この『女学世界』という女性雑誌であった。同誌の発行部数ははっきりしないが、「七、八万を売って世の驚異とされていた」、「或時は多くの本館（博文館・筆者注）発行雑誌中首位を占むるほどの大部数を発行していた」という証言もあり、多くの読者を得られた女性雑誌であったと考えられる。

　『女学世界』全350号のうち、中国人女性関係の論説・記事とみなし得るものとしては、筆者の調査によれば48篇が挙げられる。そのうち、中国人女子留学生に関わる記事は12篇がある。これらの記事の執筆者の多くは女性である。明治期という時代において、女性の執筆者や編集者がメディア界で活躍する姿はあまり見られない。また、多くの女性雑誌が生活面の情報に力点を置く中で、良妻賢母の育成のための修身道徳的な論説のみならず、

様々な方面の知識や教養を広げていこうとする同誌の方向は、総合雑誌に近かったということができる。[16]中国人の国民性や中国政治関係の論説は、『太陽』、『改造』など他の一般的な総合雑誌でも多く目にする。中国人女性について触れる内容は、『女学世界』の一部の執筆者が中国人女性と直接接したことがあるというところから、より客観的な視点で当時の中国人女子留学生に関する実際の情報と感想を表明できたと考えられる。

　一方、『中国新女界雑誌』は明治40年（1907年）2月に東京で創刊した。本誌は「女性救国、両性の平等」を標榜し第6期まで出版され、全ての記事は日本留学中の中国人女性が投稿した文章であった。第3期までの同誌の目次は演説、文芸、小説、時評しかなかったが、第4期になると目次が図画、論著、演説、伝記、家庭、教育界、女芸界、通俗科学、衛生提案、文芸、小説に変わり、欧米と日本からの翻訳記事が大幅に増加している。販売範囲に関しては、日本では主に東京を中心として販売代理店を設置され、中国では上海、天津、北京、武昌、南京、煙台、蘇州などの都市をはじめ、江西省、広東省、雲南省などの各省まで展開した。[17]

　その販売部数は当時日本で発刊されていた中国語雑誌の中で最も売れたという『民報』に次ぐ規模であり、1万部に達している。[18]同誌が発行されると、日本と中国の知識女性らの間に大きな反響を引き起こした。しかし、販売代理店への支払いがしばしば遅れたため、同誌は「経済的に尋常ならざる困難に陥り」[19]、第4期から出版の延期が始まり、第6期の刊行後、雑誌はついに停刊になった。

　『中国新女界雑誌』の発刊辞で女子留学生の燕斌[20]は、欧米諸国を見ると、女性が男性と同様の教育を受け、男性と同様に国民としての義務を果たしたため、国家は日々発展していると指摘した。[21]一方、清末では男尊女卑により女性は男性に依存していた。燕斌は、「今までの女性の道徳は、男性に対する絶対服従を意味している。その結果、中国人女性たちの人格は抑圧されてきた」[22]と述べている。そこで「本誌は改良を求め、女性たちの新道徳を打ちたてることが重要だと考えていた」[23]と「改良」の重要性を強調した。このように、燕斌は『中国新女界雑誌』を通じて、当時の在日中国女子留学生として中国女性の新道徳及び国民意識の確立を積極的に呼び掛けたのである。

二、清末女子学生の日本留学体験

2-1　異文化の融合

　中国女性が母教（母親の教え）の基本を養成するための知識を学ぶことは、清朝政府から見れば極めて重要なことである。[24]当時、自費で日本へ留学する女子学生の名簿は、所在地の地方官より提学司衙門に送り、選抜を受ける必要があった。[25]その条件は必ず中国国内で教育を受け、文章をきちんと書け、賢くて淑やかなことであった。

　清末女子留学生が来日した当初の情況について、『女学世界』に以下のような記載がある。

　　尤も三十四年頃から清國人の三人五人はゐたのだが、留學生と名のついて、束になつて渡つたのは三十八年夏、湖南地方よりの二十名を以つて始めとするのである。最年長者四十九歳、最年少者十四歳。真に烏合の衆であつたが、新智識を求めんと欲する心は皆な一ッ。とてもとても新日本婦人と威張る一部の女學生徒の比でなかつたさうな。[26]

　実践女学校は中国からの女子留学生を受け入れるため、1902年に特別の清国女子速成科という1年制の課程を設置し、学校内にも清国留学生部を開設した。[27]

　　爾来僅に五六箇月の浅い月日ではありますが既に日常の會話には殆ど困らぬ程になり、自分から話す力は未だ充分とは参りませんでも聞く方は好く了解し得られますから此工合で進歩致したならば一年の後には大分役に立つであろうと存じます。[28]

　以上の引用文から、明治期の日本留学というのは、中国人女性にとっては決して容易なことではなかったことが窺える。日本人の学校関係者とのコミュニケーションを取るために使う日本語はもちろん、基本的な生活習慣、例えば衣・食・住においては、中国での生活と異なる部分が多くあったことが以下の文章から見られる（下線部は筆者による）。

　　さて寄宿舎生活の状態を摘んで御話致しますれば何分風俗習慣は違ひ殊に是れまで少しも世間を知らぬ妙齢の人達が急に他國人の中に這入つたの

ですから嘸や不自由の事と思ひ遣られますが之を取扱ふ方も亦なかなか困
難を感じました種々の故障を排斥して兎も角も最初から一般寄宿生同様の
規則を守ることにしました（中略）是れは特別にテーブルと椅子を用ひさ
せ食物も和洋折衷の處に致して居ります但し自修時間とか睡眠時間とか外
出時間とかは無論一般の規則通りに致し又衣服、髪の結方などは他の生徒
と同じに總て日本の風に倣はせて居ります、即ち髪は毎朝獨で梳いて束髪
に結びそれで袴を着けて居るのですから一見少しも日本の女子と變りませ
ぬ。[29]

　留学生教育の関係者らは、女子留学生に寄宿生として寄宿舎の規則を守ら
せると同時に、中国の習慣に配慮している。このように彼女らに日本の環境
に慣れさせるために色々工夫したが、女子留学生の服装や外見などの面にお
いては、日本の習慣を守らせるようにしている。当時、日本留学中の殆どの
中国人女子留学生が日本人女学生と同じく、袴に束髪というような格好をし
ていたのである。また、普段の授業中だけではなく、外出時であっても、日
本服と袴の着用が義務付けられている。[30]このように、中国人女子留学生の外
見の面では、比較的「日本の女子と変わらない」と日本化していた様相を呈
している（図1参照）。

図1　支那の女醫學生

出典：『女学世界』第9巻第9号、1909年7月、筆者撮影

　当時の中国では女性には教育の機会はなかった上に、彼女らを心身共に束縛する纏足という根強い習慣があった。纏足は足の成長を止めることにより、女性の自由な活動を押さえ、精神的にも男性に従属させるものであった。日本に来た中国人女子留学生の多くは纏足をしていたが、纏足が運動と生活にもたらした不利な条件を克服するために努力し、積極的な姿勢で中国人女性の精神風貌を示した。それについて『女学世界』には以下のような記述がある。

　　日本で考へると支那人のことであるから、十五六歳にもなつたら、頗る様子ぶつて運動などもしないかと思はれるが、決してそうでない、尤も男の見て居る所では、此年頃の女は非常に謹慎である。其代り女ばかりの所では（中略）随分活溌な運動をする。[32]

　すなわち、当時の中国女子留学生の外見が、日本人が考えた中国女性のそれと異なる点としては、「活溌な運動」がクローズアップされる傾向があったことを指摘できるだろう。帰国後、彼女らは男性が主導した「纏足禁止令」[33]にただ従ったわけではない。女性自らの自覚により纏足反対を唱えるに至った。[34]当時袁世凱の家庭顧問として中国に滞在していた吉野作造は、中国女性の纏足廃止運動について以下のように述べる。

　　支那婦人といふと直ぐ纏足を思ひ出すが（中略）近頃では此の弊害を目覚して天足會といふのを設け、各地に夫々勢力を張つて、大いに纏足廃止を奨励する様になつて来て居る。[34]

　ここから、中国人女子留学生らの行動を見れば、早々に日本という異国の環境に溶け込んでいたことが読み取れる。そこで、恐らく中国人女子留学生は日本で日本人女性と触れ合うことを通し、「健全」な身体への願望を自然に生じたものと思われる。このような意識が生まれる背景として、日本での生活経験や、「体操」[35]などの科目を通して得た身体の健全な発達の重要性の認識は無視できない。
　当時、日本の開明ぶりに接した中国人女子留学生らの革命運動は活発化し、女子留学生の間でも次第にそれが言及されるようになった。[36]日本に来て直ちに外見を日本化した女子留学生がいた一方、学校側による「干渉が甚だしい」、「やり難い」と感じた留学生もいたことが窺える。このような留学生が

述べているのは、日本の文化習慣にまだ慣れていなかったこともあったが、もう一つの原因は異文化からの刺激を与えられて衝突が起きたということだと考えている。その考察は次の節に譲りたい。

2-2　異文化の衝突

　1905年から女子留学生の人数は次第に増え、1907年から連続して4年間、女子留学生の数は毎年100人を超えた。先進的な男性知識人である梁啓超の「強国保種」（国家を強くして種族を保つ）や、下田歌子の「賢母良妻」の女子教育理論と異なり、当時の日本に留学していた中国女性は、女権を主張して女性の独立した人格を獲得するという女性解放のスローガンを提起した上に、参政権の取得も目指していた[37]。

　当初、日本社会は中国人女子留学生の受け入れを歓迎していた。しかし、日露戦争の勝利を経て、朝鮮半島や中国東北地方に対する日本の侵略的態度は露骨になり、これに伴って日本社会の中国に対する侮蔑的な感情が高まった。さらに、当時の度重なる女子留学生組織の騒動により、日本人の中国人女性に対する評価が低くなり始めた。女子留学生は中国国民として母国での教育を受けることができないにもかかわらず、単に「教育が不充分[38]」「先天的無神経[39]」な女性であるという厳しい目差しが向けられた。

　このように、救国と国民意識の覚醒を探求しようとする中国人女子留学生らと、「良妻賢母」を女性教育の基本理念として認識した日本人らとの間には、齟齬があったに違いないと思われる。

　中国人女性の覚醒を促進するために提唱された女権という概念は、はじめ西洋から中国社会に伝わった。金一（金天翮）という男性知識人は「暗闇」に陥っている中国人女性のために、自由解放の鐘を打ち鳴らそうとして『女界鐘[40]』を出版した。当時、実践女学校に留学していた女子留学生の秋瑾は、中国人女性の置かれた状況に気づき、自立する道を求めるために、日本で生活を送りながら女性解放運動や革命活動に尽力した。ところで、彼女の活動に対して、『女学世界』には以下のような評価が見られる。

　　支那の婦人が一般に氣づよい事は實に驚くばかりで御座います。氣強いを通り越して、突飛な人も、尠くありません。南方の支那婦人に至つては、更にひどい傾きがあります。かの革命黨人に入つて斬首されました秋瑾女史の如き婦人はなか〱少ならぬやうに見受けるので御座います。恁ういふ風ですから女學校などのやり難いことは一通りでありません[41]。

　秋瑾は日本に留学していた間、中国の革命運動を常に念頭に置いていたため、関係者から彼女は女学校に迷惑をかけるばかりの「突飛」な人間だと想定されたのであろう。彼女は留学生の反対集会に参加するため、十七人の女子留学生と共に退学を覚悟で一時校内を去ったのである。帰国した後、革命党員である徐錫麟と連合して武装蜂起の計画を立てた。1907年5月、蜂起の失敗と共に秋瑾は逮捕されて7月に処刑された[42]。

　秋瑾の革命活動の他に、東京で結成された「日本留学生共愛会」（1903年）、「中国留日女学生会」（1906年）、「女子復権会」（1907年）、「留日女学会」（1911年）といった女子留学生の組織会があり[43]、東京で発行された刊行物は『中国新女界雑誌』（1907年）、『二十世紀之中国女子』（1907年）など7種を数えた。しかしそれらの動向は、『女学世界』では殆ど紹介されなかった。

　先行研究によれば、当時中国人女子留学生が創刊した雑誌の中で、最も影響力を持っていたのは、前述した『中国新女界雑誌』という女性誌である。編集長は燕斌で、彼女は「女子国民」[44]即ち「女性の国民意識」の確立を積極的に呼び掛けていた。

　そして中国女性について「家庭の婦人の地位から進化して国家の婦人となり、さらに世界の婦人に進化する」[45]と標榜するとともに、清末の女性は「家庭の婦人」の位置に立つべきであり、それを「国家の婦人」という地位にまで高める必要があると説いた。

　日本に留学した女子留学生らは、日本の女子教育の程度は中国と比較すると大きな差があるため、もし中国の女子教育を振興しようとすれば、積極的に日本の女子教育の先進的な部分を中国の女性に宣伝すべきと提唱した。そのため、燕斌のような女子留学生らが西洋だけではなく、日本の女子教育を『中国新女界雑誌』を通じて多くの中国人女性に紹介した。

　以上の内容を踏まえて次節では、「良妻賢母」にまつわる明治期の女子教育がどのように『中国新女界雑誌』で語られていたかを、燕斌の記事を手掛かりとして考察したい。

三、清末女子留学生の見た日本の女子教育

　『中国新女界雑誌』には、中国人女性の奮起を促すために、欧米諸国の女性解放運動家の立身伝や女子教育状況、世界各国における女性の地位などに関する著作が数多く翻訳されて掲載された。朴雪梅によれば、『中国新女界

雑誌』にみられる在日女子留学生らが求めた理想的な女性像は、日本人女性ではなく、職業を得ることによって自身の独立を実現し、男性と同等に社会に出て、直接国家に貢献できる女性即ち女性解放の先頭に立って活躍する一部の欧米女性であった[46]。日本の著作によらず、欧米女性の教育情況を吸収し、中国女性に近代的自我意識の必要なことを強調している。

　しかし、同時代の『女学世界』では、中国人女性の在日活動に対する無理解やからかいを含む一部の日本人の評価も見られる。

　　清國婦人と来てば、教育もなければ、自重心もなく、女らしい優美もなく、只尊大に構へて、空威張りに威張る斗りなので、同じ女尊でも、西洋の女尊とは、余程趣きを異にして居る[47]。

　このように、中国女性の「女尊」が西洋女性の「女尊」に比べて、「尊大」である点は「空威張り」と不評を買っている。近代化に成功し、列強の侵略から国を守ることができた日本とは異なり、同時代の中国は民族的危機に陥っていた。当時、既に国民意識を生じた中国人女性らは、侵略された中国の現状に刺激され、実際の活動に出ることを望んでいたであろう。それを一部の日本人が中国人女性の「女らしくない」姿勢として強く批判したことが読み取れる。

　また、『女学世界』の記事を見てみると、中国人女子留学生の革命運動について直接言及したものはあまり見当たらない。これは、雑誌の編集者及び読者がそれに関わる内容に関心を持たなかった一方、民族危機と深く関係している中国人女性の思想が、『女学世界』の「智を開くと共に其徳を清淑にし其情を優美にし家政に通暁せしめ」という創刊趣旨と相容れなかったためではないかと思われる。

　中国人女子留学生は明治日本の女性教育を受けたが、家庭内での奉仕を通じて国家に貢献する下田歌子が提唱した「良妻賢母」という理想的な女性像には十分に満足できなかった。しかし、『女学世界』の執筆者らはその点には言及せず、中国人女子留学生の「奮起」の精神を中国人女性の「長所」として読者に紹介するという記事もあった。

　　又一般の性質を申すと總て良い方です支那婦人が悉く爾うであるか何うかは別として唯今此處に来て居ります者は日本の婦人に比べて確かに勇健な意志と大膽な氣象とは富んで居るやうに思はれます（中略）我國の婦人

の弱點は兎角物に臆すると云ふことで人の面前では口も利けなくなるのが
先づ普通ですが未開と云はるゝ支那の婦人は確かに我に勝る素質を備へて
居ることを見て轉た自省の念に堪へませんでした。[48]

　このように中国女性の意志と気性は日本女性より「我に勝る素質」を備え
ていると示した。『女学世界』の執筆者としての下田歌子が、女性は強くに
なれば、国も強くなっていくであろうと女子教育の意義を唱えたのである。[49]
彼女は欧州で女子教育を視察し、西洋思想を受容していく中で、女性の自立
の重要性を意識し始めた。[50]中国の女性解放運動と下田の女子教育は、立場の
違いにあったにせよ、女性の「自立」という共通の精神基盤に立脚していた
と考えられる。中国人女子留学生を指導していた下田らの志向は東洋の「温
順の婦徳」に西洋の「女権」を加えようというものである。即ち、下田歌子
が想定した「西洋文化」に対抗できる女性というイメージは、決して日本人
女性ではなく、女性の「自立」という権利を獲得しようとしていた当時の勇
敢な中国人女性である。しかし、中国人女子留学生の「大胆」、「勇敢」と関
連することでもあるが、日本での組織活動、雑誌発行及び反封建主義の革命
運動の詳細については『女学世界』で記事としてまったく紹介されなかった。
　一方、『中国新女界雑誌』に掲載された煉石の「留日見聞瑣談」という記
事では、日本の女子教育の発展は著しいが、家庭内では「服従主義」の程度
が甚だしいと述べられた。[51]煉石はその原因は主に二つあると分析した。第一
に、明治維新で功績を挙げたのは殆ど男性で、女性はこれに関われなかった。
そのため社会で勢力を占めることができず、男性による女性の権利制約を可
能にしたと指摘する。第二に、教育は普及したが物質的文明を重視し、精神
教育が行なわれなかった点を挙げる。[52]そのため、「上等の賢母良妻淑女」を[53]
育成する結果となったとまとめている。
　日本での中国人女子留学生の状況を見て、彼女らに進歩的な女性解放思想
と精神的な支持を提供したのは西洋であった。文末で煉石は、女子留学生ら
は日本での生活を通じて日本の優れた習俗を受容しつつ、精神面の教育は断
然欧米を師とすべきであると提唱した。最も影響力がある『中国新女界雑
誌』に掲載された編集長としての煉石の言葉は、恐らく大部分の中国人女子
留学生の心境と重なるものであり、彼女らの行動を先導するものであったこ
とと推測できる。
　そして「自立」という理念を実現するために、中国人女子留学生らは欧米
女性を模範として樹立し、中国女性の身分の再認識を促した。さらに、清朝

政府の改革に従って日本の女性教育に関する数多くの教科書を翻訳した際にも、その中にある「女は内・男は外」という性役割分業思想及び、「良妻賢母」思想についての内容を全て削除した。このように、欧米女性に関する情報を積極的に紹介したことは、女子留学生自らの見聞を広げる目的ばかりではなく、自分自身の社会における地位を認識させるためでもあることが分かる。

四、今後の日中関係に対する提言

　日清戦争以降、日本の中国に及ぼした政治、経済、文化、社会的な影響が大きかったことから、「近代中国は日本がつくった」との「文化的親日」という説もある。古代において日中交流は日本人が中国に渡り、先進的な制度や知識を日本に持ち帰った。そして近代になると、両国の国力は逆転して中国が日本の先進的文化と技術を学び、日本に留学した中国女学生も重要な役割を果たしてきた。

　グローバル化が進行する21世紀の今日ではあるが、他者の理解や異なる社会との交流のためには、単に異文化の内容を理解するのみでは十分ではない。共生と共存のためには異文化の「融合」を理解する力が必要ではなかろうか。現代の日本では、経済・観光・行政などあらゆる面において、国民一人一人に、今後ますます「国際人」として異文化の「多様性」を認識し、異なる文化背景を持つ人々の文化・生活習慣などを尊重するとともに、新しい「コミュニケーション」のあり方を模索する必要があると思われる。今は日中両国の学生が平等な地位で留学し、新しい「コミュニケーション」を行うことができる時代である。それによって初めて、よりよい関係が築かれる時代になり、日本と中国を含むアジア諸国との相互関係は経済的にも文化的にもますます高まることが期待できるのである。

　21世紀の日中関係を決めるのは交流のあり方である。今後、様々な多層的な実りある対話を通じて、中国だけではなく日本の発展に、より一層貢献することを期待している。

おわりに

　明治期以来、多くの中国人女子留学生が来日し、彼らを経由して日本の近代化というモデルが中国に紹介され、中国の社会体制に多大な刺激と影響

を与えた。一方、彼女らを中心に中国の女性解放運動も活発化し、ほかの新思想と同様に、男女同権、天賦人権といった女性解放思想が中国に移入されたのも日本からであった。こうしたことすべては、近代日本と中国の女性関連の問題との間に切っても切れない繋がりがあることと言えよう。

　本研究では『女学世界』を中心に、中国人女子留学生によって出版された『中国新女界雑誌』にも目を配りながら、近代日本における中国人女子留学生に関する記事を探し、その内容を整理してきた。

　『女学世界』が伝えるところによれば、当時の日本留学は、多くの中国人女性にとっては慣れないものであり、彼女らを受け入れた女子学校の教員らは中国の風俗と日本の生活習慣を合わせて考慮し、寝室の配置から食べ物まで中国人の習慣を重んじていた。外見の面では、中国人女子留学生に日本の女学校規則も守らせつつ、日中両国の違いを認めながら出来るだけ「日本人女子と変わらぬ」外見をさせ、外見の日本化により少しでも日本人女性との差異を減少しようという異文化融合の姿勢が『女学世界』から読み取れた。そして、彼女らは日本での留学生活を通し、「健康」な足への希望を自然にはぐくんだものと思われる。纏足した足をものともせず熱心に運動に取り組む女子留学生の姿を見て、日本人の中国人女性のイメージには変化が起こり、改めて中国人女性の精神風貌を見直すようになった。

　そして、異文化衝突の面においては、「女性らしくない」という言行に対して当時一部の日本人から不満が示されたが、下田歌子など一部の日本人教師にとっては、中国人女子留学生は日本人女性より国民意識が高いことに関心を示し、称賛の辞を述べている。しかし、一方で中国人女性の言論や革命活動に下田らがまったく関心を持たなかったことも事実である。また、在日中国人女子留学生によって出版された雑誌から、彼女らが求める理想的な女性像は決して当時の日本政府から推奨された「良妻賢母」ではなく、直接的に国家に貢献できる自立した一部の西洋女性をモデルとすることが明らかとなった。このような言論は大部分の中国人女子留学生が異文化受容の中でますます共感し、自分自身の社会地位を認識させると考えられる。

　本研究では、『女学世界』という明治期の女性雑誌を考察したが、同時期の女性雑誌との比較検討を行うことはできなかった。特に『婦人画報』の検討は重要な課題だと考えられる。これらについての検討と考察は他稿を期したいと思う。

　［付記］本研究は2021年度笹川科学研究助成（2021-1011）の助成を受けたものである。

参考文献

末次玲子『二〇世紀中国女性史』、青木書店、2009年

阿部洋『中国の近代教育と明治日本』、福村出版、1990年

山口昌男『「敗者」の精神史』、岩波書店、1995年

小山静子「『女学世界』【明治期復刻版】解題」、柏書房株式会社、2005年

中国女性史研究会編『史料にみる歩み─中国人女性の一〇〇年』、青木書店、2004年

厳安生『日本留学精神史─近代中国知識人の軌跡』、岩波書店、1991年

実践女子学園八十年史編纂委員会『實踐女子學園八十年史』、実践女子学園、1981年

---

1 最初の中国人女子留学生は、両親を亡くして教会のアメリカ医師夫婦に引き取られた金雅妹と言われている。1869年、夫婦に伴われてアメリカへ行き幼児教育を受け、その後夫婦とともに日本へも来て学校生活を送っている。1881年に再びアメリカへ行き、大学で医学を学んだ。

2 例えば、留学の背景、留学の経緯、女子留学生が参与した社会活動、教育機関と関係者などの先行研究がある。

3 李卓「学と不学の違い：近代中日女子教育の比較」、『日本研究:国際日本文化研究センター紀要』(24)、2002年、154頁

4 末次玲子『二〇世紀中国女性史』、青木書店、2009年、21頁

5 梁啓超「倡設女學堂啓」。原文は1898年1月10日の『時務報』に掲載された。李華興，呉嘉勛編『梁啓超選集』、上海人民出版社、1984年、51頁

6 記者、「中國女學生留學于日本者之聲價」、『大陸』第1号、1902年、5頁

7 下田歌子「述教育中国婦女事」、『順天時報』1907年1月12日

8 河岡潮風「實踐女学校」、『女学世界』第9巻第8号、1909年6月、72頁

9 阿部洋、『中国の近代教育と明治日本』、福村出版、1990年、45頁

10 加藤節子「雑誌『女学世界』にみる女子体育」、『上智大学体育』、上智大学体育学会、1986年、42頁

11 山口昌男「明治出版界の光と闇─博文館の興亡」、『「敗者」の精神史』、岩波書店、1995年、240頁

12 正確には『日本之女学』の発行元は日本女学社となっているが、「博文館内で発行せしも、日本女学者発行とした」ものであるという。坪谷善四郎『博文館五十年史』、博文館、1937年、19頁

13 小山静子「『女学世界』【明治期復刻版】解題」、柏書房、2005年12月、1頁

14 同注13、小山、2頁

15 神谷昌史「雑誌『女性改造』とその中国認識」、『滋賀文教短期大学紀要』(17)、滋賀文教短期大学、2015年3月、39頁

16 石渡尊子「雑誌『女学世界』に見る女性たちのキャリアデザイン─明治後期を中心として」、『桜美林論考．心理・教育学研究』(2)、桜美林大学、2011年3月、25頁

17 朴雪梅「在日中国人女子留学生の理想的女性像─『中国新女界雑誌』の翻訳記事を中心に」、『日本研究』第56巻、2017年、123頁

18 李又寧によれば、当時日本で創刊された雑誌の販売部数は、『民報』(1905年)は12000部、『中国新女界雑誌』(1907年)は10000部、『雲南』(1906年)は5000部、『復報』(1906年)は800部であったという。

19 「本雑志國内各代派所公鑒」、『中国新女界雑誌』第4期、1907年5月、565頁

20 燕斌は河南省の出身であり、1905年に来日し、早稲田同仁病院で医学を専攻し、1868年に生まれたと推測できる。張淑婷「『中国新女界雑誌』に見られる日本の事象」、『東アジア文化交渉研究』第11巻、関西大学大学院東アジア文化研究科、2018年3月、86頁

21 煉石「発刊詞」、『中国新女界雑誌』第1期、1907年2月、14頁

22 煉石「本報五大主義演説」、『中国新女界雑誌』第4期、1907年5月、19頁

23 同注22、煉石、19頁

24 中国女性史研究会編『史料にみる歩み―中国人女性の一〇〇年』、青木書店、2004年、25頁

25 地方の学政を管理する部門を指すことである。

26 同注8、河岡、72頁

27 馬小力「もう一人の清末の女子日本留学生：崔可言の日本留学とその後の軌跡」、『日本言語文化研究：城西国際大学大学院紀要』(4)、城西国際大学大学院、2015年10月、157頁

28 記者「支那婦人寄宿舎生活」、『女学世界』第3巻第9号、1903年7月、73頁

29 同注28、記者、74頁

30 『読売新聞』1906年7月20日付「実践女学校卒業生」という記事には、「入校以降は寄宿舎の修養場の受業何くれとなく端正なる体度を保つことの至れる」という記述がある。

31 池田秋旻「支那家庭事情」、『女学世界』第5巻第10号、1905年7月、110頁

32 清朝に入ると、纏足に対し禁止令は何回も降りた。多くの知識人も民国に入るまで絶え間なく纏足を反対した。

33 厳安生『日本留学精神史－近代中国知識人の軌跡』、岩波書店、1991年、74頁

34 吉野作造「余が観たる清國婦人」、『女学世界』第9巻第6号、1909年5月、31頁

35 「清國女子速成科規定」、「二．清國女生ニ授クル学科修身、読書、会話、作文、算術、地理、歴史、理科、図画、唱歌、体操トシ、志望ニヨリテハ別ニ本校手藝科中ノ一二ヲ授クルコトアルベシ」、実践女子学園八十年史編纂委員会、『實踐女子學園八十年史』、実践女子学園、1981年、104頁

36 同注35、実践女子学園八十年史編纂委員会、107頁

37 同注24、中国女性史研究会編、32頁

38 西澤好子「支那婦人の習俗」、『女学世界』第4巻第9号、1904年7月、165頁

39 同注38、西澤、168頁

40 同注24、中国女性史研究会編、32頁

41 服部博士夫人談「進歩しつゝ、ある北京の貴婦人」、『女学世界』第9巻第4号、1909年3月、108頁

42 崔淑芬「秋瑾と日本」、『人間文化研究所年報』第23号、築紫女学園大学・短期大学部、2012年11月、173頁

43 石川洋子「辛亥革命期の留日女子学生」、『史論』(36)、東京女子大学学会史学研究室、1983年、43頁

44 原文「本社最崇拝的就是女子國民這四個大字」、煉石(燕斌)「本報對於女子國民捐之演説」、『中国新女界雑誌』第1期、1907年2月、14頁

45 煉石「留日見聞瑣談」、『中国新女界雑誌』第2号、1907年、134頁

46 朴雪梅「在日中国人女子留学生の理想的女性像―『中国新女界雑誌』の翻訳記事を中心に」、『日本研究』(56)、2017年、141頁

47 友金豊之助「凱旋土産」、『女学世界』第5巻第15号、1905年11月、144頁

48 記者「支那婦人寄宿舎生活」、『女学世界』第3巻第9号、1903年7月、76頁

49 実践女子大学図書館編『下田歌子関係資料』、1980年、89頁

50 下田歌子が1893年から1895年まで2年間にわたって、イギリスなどヨーロッパ諸国の王室教育について学ぶために赴いた欧州視察であった。

51 同注45、煉石、131頁

52 精神教育：精神を訓練する教育。特に、徳性や品性を養うことを目的とするもの。

53 同注45、煉石、132頁

54 朴雪梅の研究論文「在日中国人女子留学生の理想的女性像―『中国新女界雑誌』の翻訳記事を中心に」(『日本研究』56、2017年)に詳しい。

中国河北省普陽鉄鋼における
アメーバ経営の導入の成功要因

明治大学大学院経営学研究科
博士後期課程1年
黄嘉欣

はじめに

　中国経済は改革開放以来、数十年にわたって急速な成長を遂げてきたが、一方で変化が激しい現在では、自社の状況に適した経営方式を見つけられずに悩んでいる中国企業も少なくない。そこで「アメーバ経営」という日本発の経営手法が日本航空（JAL）の再建で話題になり、中国で非常に人気となった。

　アメーバ経営は「経営の神様」と呼ばれる稲盛和夫が会社を運営する中で、実体験から生み出された独特な経営手法である。2010年頃には日中関係が非常に良好であり、JALの再生事例が中国のメディアで頻繁に報道されていたため、企業革新に対するアメーバ経営管理システムの強さが中国で広く知られるようになった。アメーバ経営の導入によるJALの再生事例が多くの中国の経営者の賞賛と共鳴を呼び起こし、彼らは全従業員のモチベーションを向上させ、自分の企業が抱えている様々な課題を解決することを目指し、アメーバ経営について真剣に学び始めた。

　また、新型コロナウィルス流行の前には、多くの中国のビジネス代表団が日本に視察しに来て、日本企業を訪問して日本的な精緻な管理手法を学んできた。その中でも、トヨタ自動車と並んで最もよく訪問されている企業は京セラである。特に、現在の激しく変化する市場環境の中で、京セラの創業者である稲盛和夫氏のアメーバ経営及び独自の経営理念とフィロソフィは、多くの中国企業家の注目を集めている。全員参加経営を実現し高収益をもたらすシステムとして、アメーバ経営は多くの中国企業に導入されつつある。

　そこで本稿では、アメーバ経営の導入に成功した中国の民営鉄鋼会社であ

る河北普陽鉄鋼グループ（以下「普陽鉄鋼」と略称）の事例を取り上げ、ヒアリング調査を通じて、普陽鉄鋼におけるアメーバ経営の導入状況及び日中各企業経営者のアメーバ経営に対する認識を考察し、導入の成功要因を明らかにすることを目的とする。アメーバ経営の導入・実践の困難に直面している企業と普陽鉄鋼の経験を共有することで、現在アメーバ経営を実践している企業または将来アメーバ経営を導入しようとしている企業に対して、アメーバ経営をより深く理解させ、参考になる発想やヒントを与えることが期待できる。

一、アメーバ経営の概要

アメーバ経営は京セラ創業者、稲盛和夫が実体験の中から創り出した経営手法であり、組織を小集団に分け、市場に直結した独立採算制により運営し、経営者意識を持ったリーダーを社内に育成すると同時に、全従業員が経営に参画する「全員参加経営」を実現する独自の経営管理手法である[1]。

アメーバ経営は、稲盛氏の何十年にもわたる実践から導き出されたもので、組織学・会計学・文化・哲学などの様々な方面を包括した多面性のあるかつ実用的な経営手法だと言える。そのキーポイントを簡潔に説明すると、アメーバ経営は以下のようなプロセスで運用されている[2]。

アメーバ経営の根幹には稲盛和夫の経営フィロソフィがある。これがアメーバ経営のベースとなる最も重要なことである。会社を「アメーバ」と呼ぶ独立採算の小集団に分けて、ひとつひとつのアメーバは独立な小会社のように自分の収支と利益を管理し、稲盛和夫が経営の基本原則と考えた「売上最大、経費最小」を全員で実践する。それに、アメーバごとに選抜されたリーダーが自分のアメーバの目標をメンバーと一緒に立て、その達成に向けて努力し、従業員一人ひとりの能力を最大限発揮させている。これによって、経営者意識を持ったリーダーを社内に育成でき、「全員参加経営」も実現できる。

二、先行研究

劉はアメーバ経営の導入・実践における困難に関して、「企業特性との不整合は、アメーバ経営と導入先の業種やビジネスモデルといった特性との不整合を指し、多数の事例によって報告されている[3]」と主張している。劉によれば、企業特性との不整合を無視してアメーバ経営をそのまま導入すること

が極めて危険なことであるため、自社の特性に合わせて修正することが非常に大事だと考えられる。また、アメーバ経営を導入する際に、文化と制度と企業環境の面における障害が発生する可能性もある。その時、アメーバ経営のシステム自体を導入先の状況に合わせて修正すること、導入先が自らアメーバ経営に相応しいものに調整すること、といった2つの道がある。[4]

竇は、アメーバ経営の実施条件と中国企業の3つの失敗事例を考察した上で、失敗の原因を実施条件と照り合わせて分析し、日中両国の労働慣行の違いを無視した経営手法の移転は困難だと指摘した。[5]竇によれば、アメーバ経営と稲盛経営フィロソフィをうまく機能させるためには、「①企業経営者は成功するまでやり遂げることを覚悟して決心する ②アメーバ経営の本質をしっかり把握する ③組織の明確化 ④仕組みの構築 ⑤情報の公開 ⑥情報の正確性 ⑦経営哲学の共有 ⑧社員の考え方 ⑨インセンティブ」[6]、という9つの条件が必要不可欠となる。

また、竇が調査した3つの企業のアメーバ経営はいずれも失敗、あるいは難航している。その原因について竇は「経営者の覚悟ができていない」、「アメーバ経営の本質を把握していない」、「情報・データの採取が不十分」、「経営フィロソフィの共有と浸透ができていない」、「インセンティブに関する考え方は成果主義的な考え方がメインで、社員の賃金をアメーバの経営業績と連動させがち」だと述べている。[7]

つまり、中国企業におけるアメーバ経営の導入を成功させるためには、無視できない条件が多く存在している。いずれかの側面を満たさない場合でも、導入の失敗につながる可能性が高いと言えよう。では、アメーバ経営導入の典型的な成功例である普陽鉄鋼は、上述した条件をすべて満たしているのだろうか。普陽鉄鋼の成功要因について次の事例研究で検証していく。

黄は普陽鉄鋼の第1級アメーバである日鑫板材工場の具体例を取り上げ、ミクロの視点からアメーバ経営導入の背景・プロセス・成果・今後の課題に関する研究を行った。日鑫板材では、アメーバ経営の導入により「帳票記入の手間」と「会議時間の長さ」といった負担は確かに存在しているが、財務面での成果が高まること、人材の育成と選抜、経営の見える化、コミュニケーションの円滑化、市場の変化への柔軟な対応など様々な方面で大きな成果を得たという。[8]黄は中国企業におけるアメーバ経営の実行可能性と効果を検証したが、導入がなぜ成功したのか、根本的な要因は分析していない。

　山宮・荻原・中村・阿部・黄はアメーバ経営を企業理念の浸透、部門別採算制度、経営者意識を持つ人材の育成、ガラス張り経営という4つの要素に分解し、要素ごとに普陽鉄鋼と松下電器と高斯智能科技の事例を分析した。企業の状況によってアメーバ経営を部分的に導入することも有効で可能であるという結論に至った。また、普陽鉄鋼では企業理念の浸透について十分に満たされていないため、問題となったと指摘した。[9]彼らの調査からさらに3年が経過しており、企業理念の浸透が進んだのか、最新状況がどうなのか、本稿の事例研究で確認する。

三、事例研究

　本節以下の事例研究は、普陽鉄鋼の現地調査で得た社内資料、（元）主任の楊建軍氏の現地インタビュー、工会主席の石現英氏へのオンライン・インタビューに基づいている。ほかに、社外であるが、神鉦書院（普陽鉄鋼が所在する武安市の地域文化を宣伝する民間組織）の安秋生院長に対するオンライン・インタビュー、安秋生（2018）も参考にした。[10]

表1　インタビュー調査概要

日　時	方　法	インタビュー対象	ポジション	参　加　者
2018年6月18日 10：00〜12：00	現地訪問	楊建軍（男性）	普陽鉄鋼（元）主任[11]	郝ゼミ22期生全員と郝先生
2020年7月26日 16：00〜18：00	ZOOM	石現英（女性）	普陽鉄鋼の工会主席 兼総経理助手	郝研究室大学院生全員と郝先生
2020年11月18日 17：00〜19：00	ZOOM	安秋生（男性）	神鉦書院　院長	黄嘉欣、劉向（安院長の助手）、郝先生
2020年11月30日 12：30〜14：10	ZOOM	安秋生（男性）	神鉦書院　院長	黄嘉欣、劉向（安院長の助手）、郝先生

出所：筆者作成

3-1　企業の発展歴史

　普陽鉄鋼が所在している武安市は河北省邯鄲市の太行山の東麓の旧革命地区に位置している。北京の南で、また河北省、山東省、河南省、山西省の四省の境目に位置している。古来より鉄鉱石を産出し、豊富な埋蔵量を有しており、金属製煉の歴史は長い。普陽鉄鋼もおよそ50年の歴史を持っている。その前身は1972年に設立された「武安県陽邑公社修配場」である。農機具の修理からスタートしたもので、工業地帯ではなく、山の奥に所在する典型

的な郷鎮企業と言える。

　1980年1月、「武安県陽邑公社修造場」と改称した後に、85年には「武安県掛車場（トレーラー工場）」と改称した。87年6月に瀋陽から「ダクタイル鋳鉄」技術を導入し、「武安県ダクタイル鋳鉄工場」が設立された。88年10月に武安県が武安市となり、「武安市掛車場」「武安市ダクタイル鋳鉄工場」に名称を変更した。従業員数は82人まで増加した。当時はトレーラー、マンガンボール、鋳鉄製の水道管などを主に生産していた。そのうち、鋳物製の防火パイプがアメリカに輸出されていた。92年、河北普陽金属鋳造有限公司が設立された。93年、香港の資本を受け入れ、武安市で最初の中外合弁企業の一つとなり、「八里横」という場所に30立方メートルの高炉を建て、将来の大規模な鉄鋼生産ための基礎を築いた。98年に集団所有の企業から民営企業に転換した。2001年初頭には最初の製鉄所とそれに関連するインフラを建て始めた。02年2月、中普製鉄工場の1号転炉が稼働し始め、河北普陽鉄鋼有限公司に社名変更した。

　それから10年以上の間、普陽鉄鋼は年間生産量が数万トンの小さな工場から、洗浄、コークス、焼結、製鉄、製鋼、圧延、発電、酸素生産、科学研究を統合した総合的な鉄鋼企業へと成長することができた。現在、普陽鉄鋼はCNAS国家認定試験所と省レベルの地方企業技術センターを持ち、独自の「アメーバ経営＋卓越したパフォーマンス」の管理モデルを構築し、グリーン生産を実践し、高品質の発展を推進し続けている。

3-2　創業者郭恩元

　普陽鉄鋼の創業者である郭恩元氏は1948年3月に武安市陽邑鎮に生まれた。75年から92年までは、陽邑公社農業機械修理工場、武安市トレーラー工場、武安市ダクタイル鋳鉄工場の工場長を歴任し、92年に設立した河北普陽金属鋳造有限公司で会長兼総経理を務めた。2002年からは普陽鉄鋼の会長を務める。彼は、長期的なビジョンと勇気を持ち、勤勉で、倹約的で、危機意識を常に持っている企業家である。[12]

　郭恩元氏は非常に倹約的な生活をしているが、これまでに普陽は10億元以上の寄付を各界に行ってきた。18年、普陽は同郷の「精準扶貧」（貧困の削減）政策に積極的に貢献し、122人の仕事を提供した。また、中普邯鄲高等幼児教師養成大学の建設に15億元の寄付を計画し、そのうち土木建設部分に6.7億元をすでに寄付し、その後に各種支援施設に8億元以上を寄付する予定である。[13]　さらに、陽邑鎮の13村の集中暖房を実現し、これは年間2万

トン分の石炭の代わりになっている。それに加え、普陽鉄鋼は、武安第一中学校の学生寮に冷暖房設備を設置するために500万元、武安・邯鄲の真空除塵車70台を購入するために4000万元を寄付している[14]。

　郭恩元会長はこれらの社会貢献の功績により、「武安市人民功労者」の称号を授与された[15]。会社の利益は個人のものではなく、会社のものでもない、社会全体のものだと郭恩元氏は強調している。郭恩元氏と稲盛和夫氏には、勤勉さ、無私、利他主義の精神などの共通の資質と価値観があることがわかる。郭恩元氏のリーダーシップのもとで、普陽鉄鋼は小さい修理工場から民営化され、現代的な鉄鋼会社への変革が実現できた。

3-3　企業概要

　普陽鉄鋼は、「河北普陽鉄鋼有限会社」、「中普（邯鄲）鉄鋼有限会社」、「武安市広普焦化有限会社」、「邯鄲市日鑫板材有限会社」、「河北普陽新材料実業有限会社」という5つの子会社で構成され、中国河北省武安市の陽邑鎮に位置する総合的な民営鉄鋼会社である[16]。

　現在では普陽鉄鋼は、製鉄・製鋼・圧延などの生産、また販売及び研究開発を統合した現代的な大規模民間製鉄会社である。資本金は2980万ドルで、現在の従業員数は7300人を超え、そのうち13％が技術者と管理者である。全従業員の一人当たりの月給は1万元を超え、同地域の同業界の1.5倍ほどである[17]。

　2015年末、普陽鉄鋼は日本のアメーバ経営を導入し始めた。以前は高度経済成長期で建築資材など大量の鉄鋼需要があった。そのため、大量生産をすればするほど収益となったが、15年頃には、国の新たな政策により、中国鉄鋼業界の「ボロ儲け」と「量」の時代は終わり、大規模な「再編」と、より激しい競争に直面するようになった。「量」ではなく「質」を求められる時代になったのである。12年から、市場の変化に対する迅速な応答を実現するために、普陽鉄鋼は“生産、供給、販売、配送、顧客”という「五位一体（ファイブインワン）」の市場迅速反応メカニズムの構築を積極的に推進している。それに応じて、生産効率、市場価格の調査、納期サイクル、物流の時間を加速させるべきことを目指し、郭恩元氏は世界中のトップレベルの先進的な企業を注視し、より高い目標を掲げていた。その中で、普陽鉄鋼では「アメーバ経営」を学習し、導入した。

3-4　導入成果

　14年から16年にかけての利益は、それぞれ13.8億元、9.6億元と25億元である。19年に50億元の利益を達成し、税引き後の純利益は36億元で、鋼材1トン当たりの利益は690元（中国の民営鉄鋼企業では第2位）になる。[18]アメーバ経営導入前の数字に比べて大幅な増益となったことが分かる。その原因には景気回復という面も否定できないが、大幅な増益と鉄鋼の1トン当たりの利益が大幅に改善されたことから、アメーバ経営の導入が有効であることを証明している。

　普陽鉄鋼におけるアメーバ報奨金制度が17年から実施されている。普陽鉄鋼の規定によると、会社の利益が毎月1億5000万元に達すればアメーバ報酬金が出る。全社員が自分のアメーバ目標に貢献しなければならないし、会社全体の目標にも貢献しなければならない。普陽鉄鋼の従業員一人ひとりが独立採算制によって自分の労働を通じて産出した価値が明確になり、仕事の楽しさを感じながら目標達成のために頑張っている。

　普陽鉄鋼のアメーバ報奨金は、19年には一人当たり月1500元（約2.5万円）、20年には一人当たり月3500元（約5.55万円）に達した。毎月、財務部門が算出し、監査部門の確認を経て給与と一緒に入金される。20年の従業員の月平均給与は、主要な生産工場が1万元、補助工場が8000元、総務部が6000元である。この賃金水準は、同地域の鉄鋼企業の約1.5倍となっている。[19]20年前半の離職率は導入前の3%から1%までに下がった。

　普陽鉄鋼は独自のアメーバ報奨金制度を作り上げた結果、会社全体の収益性が大幅に向上し、従業員の給与は上がり、一方で仕事の価値がより明確になり、公平に評価され、離職率も減少した。普陽鉄鋼におけるアメーバ経営の導入は約5年間の実践を経て様々な成果があったと確認できる。

　では、なぜ日本発のアメーバ経営の導入が普陽鉄鋼で成功したのかについて、次の節で分析していきたい。

四、成功要因の考察

　日本的経営の一種であるアメーバ経営を中国企業に導入することは決して簡単なことではない。アメーバ経営を導入した中国企業は数多くあるが、すべて成功できたわけではなく、失敗した例も多くある。失敗の理由はそれぞれ異なっているが、例を挙げると、短期間で結果が出ずに諦めてしまうこと、導入目的が間違っていること、システムを正しく活用していないこと、従業

員の共感と協力を得ていないことなどが考えられる。

　どのようにして普陽鉄鋼はアメーバ経営の導入に成功したのだろうか。本章では、数回のインタビュー調査結果から、筆者が考えた成功の鍵となる4つの要因を明らかにする。

4-1　経営者の意識と決心

　アメーバ経営の導入で最も重要なことは経営者の意識と決心である。経営者意識を考察するため、私は大学のフィールドスタディーの機会を利用して、普陽鉄鋼以外の5社の経営者にインタビューを行った。そのうちH、K、E社は日本の会社で、G、Y社は中国の企業である。

　H社の経営者はもともとアメーバ経営を知らなかったが、調べてみたら自分の会社もアメーバ経営と基本的には同じことをやっている、と言った。

　K社は、中国に子会社を持つ日本の大企業である。経営者はアメーバ経営のコスト意識と「人を大切にする」という考えを高く評価し、アメーバ経営のコンサルタントを社内に招いて、中上級管理職を対象に講演会を開催した。だが厳密なアメーバ経営はやっていない。「末端まで浸透させるのは難しい」とK社の中国子会社の社長は語った。

　E社の経営者は、アメーバ経営の本を読み、以前に働いていた会社で導入していたが、うまく進められず失敗した。その原因は利益の追求を重視しすぎたためだった。E社の経営者は「専用の人材を配置し、専用のシステムを開発しないといけない。結果が本末転倒になったという苦い思い出がある。だから本当に信念を持たなければ成功しないでしょうね」と語った。今のE社では、従業員の幸福を非常に重視し、プロジェクトごとにチームを分けて、従業員の専門性を高めている。アメーバ経営の概念の一部が残っている。

　G社の経営者はアメーバ経営の精緻さと稲盛氏の経営哲学に対して非常に共感している。しかし、現在、G社にとって最も重要な課題は、日々増加している注文に対応するために、いかに生産を拡大するか、また、いかに高い品質とスピードで納期を守るかである。アメーバ経営の導入には長い時間と手間がかかるので、現段階での導入は企業の発展戦略に相応しくないとG社の経営者は判断している。もし、現在の課題をすべて解決できたら、将来的にアメーバ経営を導入することも可能になる。

　Y社の経営者は雇われた専門経営者である。彼は長年の現場での経験を通じて、アメーバ経営を実施するデメリットは従業員が自分のアメーバの利益だけを重視し、お金を節約するために機械と設備のメンテナンスをしない、

といった問題が発生しやすいと指摘した。また、顧客からの注文を獲得する
のが大切であり、自分の経営理念や経営哲学を実現するのは容易なことでは
ない。アメーバ経営を簡単に導入せず、機が熟していない時には軽率な行動
を取らない方が良いとＹ社の社長は話した。

　以上の話を踏まえて、普陽鉄鋼の経営者意識を考察する。普陽鉄鋼の創業
者郭恩元氏は無私であり、人格上の魅力を持っている経営者であると言える。
普陽鉄鋼は創業者企業であり、アメーバ経営の導入を決意した郭恩元氏は、
社内の改革に大きな発言力を持っている。アメーバ経営の導入当初は多くの
社員が異論を唱えていた。彼らは組織の変化を受け入れようとせず、アメー
バ経営の意味を理解できなかった。だが、コストダウン、人材育成やモチベ
ーションの向上などの目標を強く持つ郭恩元氏は厳格な施行を主張し、５年
間にわたり実践した結果、アメーバ経営の導入は大きな成功をおさめた。

4-2　導入条件を満たしていること

　アメーバ経営は世界中に多くの企業に導入されているので、確実に普遍性
を持っているが、だからといってすべての企業が導入に適しているわけでは
なく、いくつかの前提条件があると考えられる。

　まず、社員数が少ない小企業であれば、アメーバ経営を導入する必要はな
い。一方、何万人規模の巨大企業では、自社の企業文化と経営方式は非常に
根が深いので、全社員に新しい考え方を浸透させることが極めて難しい。従
業員が数百人、数千人と増えてきて、まだ固定的な経営モデルが確立されて
いない場合、そのような企業はアメーバ経営の導入に適していると考えられ
る。次に、余力があって安定的に成長している企業の方が導入しやすいと考
えられる。企業のライフサイクルから言うと、成長期と成熟期の企業はアメ
ーバ経営を導入しているケースが多い。最後に、専門経営者より、企業の創
業者の方がアメーバ経営の導入を実施しやすい。創業者がアメーバ経営を導
入することは、２つのメリットがある。一つ目は、たとえ短期的に効果が出
なくても、創業者として試行錯誤を恐れないため、徹底的に継続することが
できる。二つ目は、創業者の決心によって、ある程度は社員の抵抗が軽減さ
れると考えられる。

　もちろん、これらの条件をすべて満たした企業だけがアメーバ経営を導入
できるということではない。これらの条件を満たす企業は導入しやすいとい
うことであり、普陽鉄鋼はすべての条件を満たしていることが導入成功に直
結している。

4-3　システム面における現地化の改善

　普陽鉄鋼は基本的に京セラのアメーバ経営の理念と手法を取り入れているため、アメーバ経営の諸要素と目的が共通している。主に以下の4つが挙げられる。第一に「売上最大、経費最小」の実践。すべての経営活動は「売上最大、経費最小」の原理原則に従い、業務を行う。第二に部門別採算制度の確立と社内売買。アメーバごとに独立した採算を行い、一つの小さい会社のように、自分のアメーバの収支と利益を迅速に把握している。そして、市場の変化を敏感に捉え、製品の市場価格をベースとして、明確な金額をつけて社内売買をしている。第三に経営者意識を持つ人材の育成。所属するアメーバの利益目標を達成するために、アメーバ長の視点は労働者・生産者から経営者へと転換する。第四にガラス張りの経営、大家族主義による全員参加経営の実現。経営理念と情報の共有化および同じ目標を目指して行動する団結力により、全社員が一丸となって、全員参加経営を実現することができる。

　一方、システム面で普陽鉄鋼が独自の改善した点もある。まず、アメーバの分け方が異なる。稲盛によると、京セラではアメーバ組織を編成するにあたっては三つの条件が必要となる。条件1、アメーバが独立採算組織として成り立つ単位であること。つまり、アメーバの収支が明確に把握できること。条件2、ビジネスとして完結する単位であること。つまり、リーダーがアメーバを経営するのに、創意工夫をする余地があり、やりがいを持って事業ができること。条件3、会社の目的、方針を遂行できるように組織を分割すること。つまり、組織を細分化することで、会社の目的や方針の遂行が阻害されないこと。[20] それに対して普陽鉄鋼では、会社全体を基本的に四つのレベルに分け、上記の条件よりは現場の状況に応じて柔軟に対応している。例えば直接に利益を生み出さない総務部門でもアメーバを設立し、虚構の利益を数値化することでアメーバの収支を明確にしている。

　次に、従業員のモチベーションの源泉が異なる。日本的経営が年功序列や終身雇用制度となっているため、京セラでは社員の金銭的方面での不安はなく、主に仕事のやりがいや達成感によって内発的動機付けが生まれる。それに対して、中国では雇用の流動性が高く、内発的動機付けプラス金銭的インセンティブから社員のモチベーションが生まれる。普陽鉄鋼では、従業員は企業に対する感謝心、仕事の達成感による内発的動機が付けられ、それに加え、アメーバ目標を実現したらアメーバ報奨金がもらえるシステムにより金銭的インセンティブもあり、モチベーションの向上につながっている。

4-4　思想面における日中文化の融合

　普陽鉄鋼は企業文化と経営哲学を非常に重視している。稲盛氏の経営哲学は中国伝統哲学と共通する部分が多くあるため、企業の風土や人材に適用しやすいのである。例えば、曹によると、稲盛氏の「敬天愛人」と王陽明の「致良知」を比較すれば、言い方が異なっているが、語っている理念の本質は共通していると言える。[21]

　京セラは「敬天愛人」の理念や「京セラフィロソフィ」を制定し、それがアメーバ経営のベースと言える指針となり、全従業員が共有している。そのうち、普陽鉄鋼で特に導入されているのは京セラの「利他」、「ウィンウィン」、「敬天愛人」、「誰にも負けない努力をする」と「六つの精進」である。稲盛氏の「六つの精進」は企業内の掲示板に書いて全社員で共有している。「六つの精進」とは稲盛氏が人生や仕事において、重要となる実践項目をまとめあげたものである。具体的な内容は「努力」（誰にも負けない努力をする）、「謙虚」（謙虚にして驕らず）、「反省」（反省のある毎日を送る）、「感謝」（生きていることに感謝する）、「善行」（善行、利他行を積む）、「感性」（感性的な悩みをしない）がある。「六つの精進」を毎日連綿と実践し続けていけば、やがてすばらしい人生が開けていくはずだと稲盛氏が主張した。[22]これらの優れた理念は郭恩元会長の心に響き、共感を得て社内に導入された。

　だが、普陽鉄鋼が稲盛氏のすべての哲学を導入しているわけではない。自社に適用できる部分を選別して、従業員に浸透させている。それに加えて、他の企業からの先進的な理念も融合し、普陽鉄鋼の独自の企業文化を形成している。例えば、2019年から、普陽鉄鋼はファーウェイの「お客様中心主義を貫き、お客様に対する価値を創出する[23]」というサービス提供の理念と「自己批判」という反省の重要性について学習している。また、組織活性化を図り、社内のアメーバ間に競争意識をより高め、社員に緊張感と危機感を持たせ、より強い企業を構築するために、方大特鋼科技グループの「競馬」[24]制度も学習している。普陽鉄鋼のコア価値観は「誰もが人材」、「誠信」、「貢献」、「創新」、「チーム精神」である。[25]普陽鉄鋼の企業文化は「以人為本（人がベース）、艱苦創業（勤労と創業）、求真務実（実際主義）、勤倹節約（勤勉倹約）、開拓創新（先駆的なイノベーション）」という20文字の方針もある。

　京セラでは、毎日の朝礼（昼礼・終礼）などで経営理念・信条・フィロソフィの唱和が行われている。それに対して普陽鉄鋼では、経営理念や企業文化や哲学などを導入段階で全社員に説明して理解させた。廊下や掲示板、オンラインの企業プラットフォームなど社員がよく目にする場所に掲示し、そ

れらの考え方の深化・普及を図っている。従業員の心を高め、人間性を持たせるため、フィロソフィよりわかりやすい中国伝統文化である『弟子規』の勉強が週三回で実施されている。

普陽鉄鋼は、これまで培ってきた企業文化に加え、伝統文化の教育を行い、日本からの経営理念や稲盛氏の経営哲学を積極的に学んでおり、日本と中国の文化をうまく融合させている。アメーバ経営を導入することで、社員一人ひとりが自分の仕事の価値を理解し、文化の共有と徹底した教育を通じて精神面の豊かさをもたらし、稲盛氏が強調している「物心両面」の幸福を実現している。今後も日中から様々な先進的な理念を自社に適応するように取り入れ、進化としていくと予想される。

おわりに

アメーバ経営は日本の文化であり、日本的経営の中でも独特な一種であるが、中国でも大きな反響があった。業態を問わず、アメーバ経営を導入しようとする中国企業はますます増えている。

また、中国には多くのアメーバ経営コンサルティング会社が存在し、様々な企業でセミナーを開催している。中国企業でのアメーバ経営の流行は、多くの中国企業に新しい考え方と管理システムを提供した。

今回の調査対象企業の事例を考察して成功要因を分析した結果、日本発のアメーバ経営は中国でも成功しうることがわかった。だが、それには条件があり、すべての企業で導入が成功するわけではない。中でも最も重要なのは経営者の意識と決心である。また、企業ごとにアメーバ経営に対する認識は異なる。自社に適用できるような改善を図る必要がある。

アメーバ経営の積極的な導入を通じて、日本と中国の企業や経営者間の交流と学習を促進することもできる。これは、日本と中国の経済の共同発展を促進することにつながり、互いの文化を理解するのに役立つ。

今後は、より多くの導入事例を確認するのはもちろん、アメーバ経営の導入によって現場の生産管理や従業員のモチベーションの変化や彼らの実際の感想を把握するために、社員目線で調査するための大規模なアンケート調査も実施しなればならない。中国でのアメーバ経営の導入と展開についてより深く研究していきたいと思う。

参考文献

安秋生『大道之行』作家出版社、2018年

稲盛和夫『アメーバ経営—ひとりひとりの社員が主役—』日本経済新聞出版社、2006年

黄嘉欣「中国におけるアメーバ経営の導入」『経営学研究論集』明治大学大学院経営学研究科、
　　第55号、2021年

曹岫云『稲盛哲学与阳明心学』東方出版社、2018年

竇少杰「日本の経営手法の中国企業での実施可能性と課題　～京セラのアメーバ経営の導入をめ
　　ぐって～」、『立命館経営学』立命館大学経営学会第56巻第5号、2018年

劉美玲「アメーバ経営の導入・実践における困難性に関するレビュー」、『鹿児島大学稲盛アカデ
　　ミー研究紀要』第9巻、2020年

山宮朋美・荻原菜都子・中村悠河・阿部アンドレ・黄嘉欣「アメーバ経営の中国導入の考察」、
　　『中国における日本文化の流行』日本僑報社、2018年

【ウェブサイト資料】

稲盛和夫 OFFICIAL SITE「アメーバ経営とは」　https://www.kyocera.co.jp/inamori/manage
　　ment/amoeba/　（2021/10/25アクセス）

稲盛和夫 OFFICIAL SITE「六つの精進とは」　https://www.kyocera.co.jp/inamori/manage
　　ment/devoted/　（2021/10/05アクセス）

1　稲盛和夫 OFFICIAL SITE「アメーバ経営とは」https://www.kyocera.co.jp/inamori/manage
　　ment/amoeba/　（2021/10/25アクセス）

2　アメーバ経営に関する詳細な説明は山宮・荻原・中村・阿部・黄（2018）、45～47頁を参照さ
　　れたい。

3　劉美玲（2020）、17～47頁

4　同上

5　竇（2018）、279～296頁

6　同上

7　同上

8　黄（2021）、43～60頁

9　山宮・荻原・中村・阿部・黄（2018）、51頁

10　インタビュー調査の一覧は表1にある。安秋生院長は神鉦書院を2015年に設立した。神鉦書
　　院は普陽鉄鋼が位置している武安市に設立された書院である。地域の伝統文化を宣伝すること
　　を目的とし、2015年に設立された。安秋生は普陽鉄鋼の創業者である郭恩元の人物伝記『大道
　　之行』を執筆したので、普陽鉄鋼の管理者や会社のことに関して非常に詳しい。

11　訪問当時は普陽鉄鋼の中高管理層の「辦公室主任」だったが、今は既に定年退職した。

12　安秋生（2018）

13　同上

14　同上

15　同上

16　黄（2021）、51頁

17　同上。

18　2019年のデータは公式に公表されていないため、安院長に対するインタビューを通じて入手した。

19　普陽鉄鋼の賃金体系や所得水準などのデータと情報については、安院長に対するインタビュー
　　を通じて入手した。

20　稲盛（2006）、103頁

21　曹（2018）

22　稲盛和夫　OFFICIAL SITE「六つの精進とは」https://www.kyocera.co.jp/inamori/manage
　　ment/devoted/　（2021/10/05アクセス）

23 ファーウェイの理念：「以客戸為中心、為客戸創造価値」
24 「競馬」の言葉を使っているが、本質は競争の意味である。
25 この「貢献」は企業が社会に対する貢献を指している。
26 『弟子規』を中国の伝統文化を教えるための教材として使っている。基本的な儒教道徳を韻文形式で記したものである。

21世紀以降の中国における
芥川龍之介文学の翻訳出版

中山大学外国語学部
日本語学科4年
袁藹怡

はじめに

　35歳という短い生涯の中で、148編の小説だけではなく、66編の随筆、55編の小品、紀行、詩歌などを作って（魏、2012）、「鬼才」と呼ばれる芥川龍之介は早くから中国文壇に注目され、中国文学にも大きな影響を与えてきた。

　芥川文学は1921年魯迅によって初めて翻訳されて以来、すでに100年もの間中国で読み継がれている。1920、30年代は、最初の翻訳ピークで、改革開放後の80年代は二回目の翻訳ピークだとされている（孫・李、2011）。21世紀に入ると、芥川文学は人気がさらに高まり、翻訳出版が空前のブームを見せており、出版量は20世紀と比較にならないほどである。

　中国における芥川文学の翻訳については、これまで20世紀の翻訳史に着目した王向遠（1998）、秦剛（2004）などの多くの論考があるが、21世紀における翻訳出版についての研究が不足している。従って、本論文は先行研究を踏まえて20世紀の中国における芥川文学の翻訳状況を確認した上で、21世紀の中国における芥川龍之介文学の翻訳出版について考察してみる。

一、20世紀の中国における芥川文学の翻訳

　本章では、まず、先行研究を参考にして20世紀を通して中国において芥川文学がどのような翻訳出版の状況を呈していたかを確かめる。芥川文学の中国での翻訳出版は魯迅に始まる。1921年に魯迅が翻訳した「鼻」は『晨報副刊』に連載され、これが芥川龍之介文学の最初の中国語訳となる。魯迅は「訳者付記」に、芥川を「日本の新興文壇の中で有名な作家である」と評

価したが、その作風に対して「常に古い材料を使い、時には物語の翻訳に近い」、「ベテランの感じがありすぎて、読者を喜ばせない」と不満を示した（魯、1996）。しかし二年後に出版した『現代日本小説集』（上海商務印書館、1923年）の「作者についての説明・芥川龍之介」では、魯迅は「昔の物語は彼によって改作されると、新たな生命を吹き込まれて現代人とつながっている」と述べ、従前の「不満」から賛美の姿勢に転じた（魯、1996）。さらに芥川の影響を受けた魯迅は「古い材料」を使って書き改め、1922年から「不周山」などの歴史小説を書き始めた（秦、2004）。

　芥川文学の最初の中国訳ピークは20年代から30年代にかけての間である。1925年、中国の現実を批判的に記した『支那游記』の出版や、1927年の芥川の自殺が中国文壇に衝撃を与えた。それに伴い、芥川作品が続々と中国語に訳され、出版されるようになった。当時、中国では日本に少し遅れながらも、いち早く芥川の新作品を知ることができたと言える。『支那游記』の一部や、「湖南の扇」など、中国を題材とした作品が夏丏尊によって次々と翻訳され、1928年、湯鶴逸の手による『芥川龍之介小説集』も北平文化社から出版された。『芥川龍之介小説集』は、西洋やキリスト教などを素材にした作品も含めた小説、随筆などを収録している。しかし、翻訳ブームが起こったにもかかわらず、芥川文学に対する中国文壇の評価は賛否両論であった。夏丏尊、湯鶴逸、謝六逸などが、芥川作品の芸術的価値も彼の中国観も認める一方、韓侍桁、巴金などの学者は民族主義の立場に立って、『支那游記』の「中国堕落観」に不満を持ち、芸術的技巧を求めすぎだと非難した（王、1998）。なぜなら、芸術的技巧や抽象的思考を重視する芥川文学は、現実を重視する韓氏らの審美的関心に応えなかったからである。また、日中戦争という時代背景も影を落としたと考えられる（孫・李、2011）。新中国が成立した後、国家建設のために翻訳の中心はプロレタリア文学へ移ったことで、芥川文学の翻訳はしばらく途切れた。

　改革開放後、文化事業の回復と共に、翻訳出版も盛んになった。これによって芥川文学の翻訳も再開され、二回目の翻訳ピークを迎えた。しかも賞賛の声が評価の主流となった（高寧、2002）。楼適夷訳の『芥川龍之介小説十一篇』（湖南人民出版社、1980年）、文潔若ら編訳の『芥川龍之介小説選』（人民文学出版社、1981年）などが代表的訳本である。また、小説「藪の中」と「羅生門」を脚色した映画「羅生門」が1950年に公開され、1951年にヴェネチア国際映画祭で金獅子賞を受賞した。これにより、小説「藪の中」と「羅生門」が多くの中国の学者から注目されるようになり、当時中国

における芥川文学研究の焦点にもなった（邱、2014）。それ以外では、王慶民・孫久富（1989）は芥川の俳句に目を向け、「芥川龍之介俳句十首」を翻訳し、中国の読者により多様なジャンルを紹介した。

二、21世紀における芥川文学翻訳出版の成果

　21世紀以来、芥川文学の訳本は次々と出版された。『日本近現代文学漢訳全典』（康東元、2017）や中国図書館連盟、当当網、豆瓣読書を対象に調査したところ、2000年から2021年9月まで、芥川文学の訳本が約149種類出版されている。それらの訳本を全体的に俯瞰すると、次のような特徴が見られる。

2-1　訳本の種類の激増

　出版社を見ると、人民文学出版社、江蘇鳳凰文芸出版社、上海訳文出版社、青島出版社、山東文芸出版社など、全部で80社余りある。その中には、芥川文学を何種類も翻訳・出版した出版社がいくつかある。例えば、人民文学出版社は7種類、江蘇鳳凰文芸出版社は6種類、上海訳文出版社は5種類の訳本を出している。紙版を取り扱う出版社だけではなく、電子出版専門の「訳言・グーテンベルク計画」もある。この「訳言・グーテンベルク計画」は、電子書籍の普及に応じて、共訳・著作権の期限切れの作品を取り扱うことを特徴としている。2016年に出版された『芥川龍之介的中国游記』は、豆瓣読書、WeChat読書などの電子書籍プラットフォームでも販売されている。
　訳者を見ると、高慧勤、文潔若、林少華、楼適夷など20世紀において大いに活躍していた有名な翻訳家がいる。彼らの訳本は頻繁に再版されてきた。例えば、高慧勤訳の『羅生門』は、北京燕山出版社、春風文芸出版社、光明日報出版社、青島文芸出版社などにより出版されている。同時に、趙玉皎、秦剛、施小煒などのように、21世紀に入ってから新たに芥川文学の翻訳事業に参加してきた訳者もおり、質の高い訳本を多く出している。『支那游記』の訳本を例にとると、陳生保・張青平訳（北京十月文芸出版社、2006年）と秦剛訳（中華書局、2007年）は、いずれも流暢かつ正確に翻訳されている全訳本だと好評である（孫・李、2011）。また、趙玉皎訳の『羅生門』（雲南出版社、2015 年）は、「できるだけ多くの情報を読者に提供する」ために、一万字程度の「前書き」、100以上の注釈や9つの「解説」がある。それだけでなく、訳者による「後書き」では、小説「地獄変」の「堀川の大殿様」の

翻訳方法も検討されている。これまで「堀川の大殿様」は「堀川大公」と訳されることが多かったが、趙玉皎（2019）は「大公」が尊称に合わないと考え、「堀川の大殿様」は摂政大臣の意味であると発見し、「堀川大人」と訳したという。これによって、新旧訳の継承と発展の関係が明らかになった。異質的な事象や注釈や解説は、原文にある日本文化的な要素を保つことができ、中国の読者がより多くの日本文化を知ることができるようにし、中日の文化交流を促進できるのではないか。また、有名な翻訳者の作品をまとめたシリーズもある。例えば、青島出版社の「林訳経典シリーズ」には、林少華訳の『羅生門』や『心』、『金閣寺』などの日本の名作が含まれている。それは、翻訳者の名声を借りて訳本の魅力を高めるという営業戦略であろう。

2-2　訳本編纂の多様化

　前述のとおり、21世紀に入り、芥川文学の訳本が100種類以上出版されている。それだけでなく、文章の選び方も前世紀と大きく変わってきた。20世紀に出版された訳本は主に小説で、文学のジャンルや題材は単一であった。それに対し、21世紀の訳本は編纂方法が多様で、随筆なども重視されるようになった。芥川龍之介全集も出版され、中国の読者が芥川文学をより多様に理解することに寄与したと考えられる。

　文学のジャンルを見ると、様々なジャンルが収録されている編訳本がある。小説集は多いが、他のジャンルの訳本は少ない。周知のように、芥川龍之介はとりわけ小説に長けており、小説の巨匠とよばれている。翻訳して出版された作品に、小説が最も多いのは当然である。随筆なども芥川文学の重要な部分で、芥川への理解に資することから、随筆などの編訳本もある。特に『支那游記』の中国語訳『中国游記』は、当時の日中両国の民族性と日中関係の変遷を反映したものである。先に述べた通り、陳生保・張青平訳（北京十月文芸出版社、2006年）と秦剛訳（中華書局、2007年）がある。また、2012年に『文芸的、過於文芸的（文芸的な、余りに文芸的な）』が金城出版社から出版された。「谷崎の文章」「鏡花全集に就いて」などの読書エッセイ50編が含まれている。2017年には「大川の水」「霜夜」「或旧友へ送る手記」「日本小説の支那訳」など、随筆40編を収録した『霜夜』が花城出版社から出版された。このように、随筆などの文学ジャンルも注目されていることがわかる。

　題材から見ると、特定のテーマを持つ編訳本もある。例えば、2015年に清華大学出版社が怪談小説集『影』を出版した。「影」「奇遇」「黒衣聖母」

などの怪談小説を通じて、読者を芥川龍之介が作り出した奇怪な怪談世界に誘ってくれる。また、2017年に中信出版社が出版した『三つの宝』は、芥川龍之介の唯一の童話集で、「小白」「杜子春」「三つの宝」など六つの童話を収録している。原著は芥川が自殺して1年後に刊行されたが、芥川の没後90年という節目の2017年には、中信出版社は著者を記念すべしと、中国で初めてこの本が翻訳された。日中の古典文学から取材した物語や、芥川の親友であった小穴隆一による挿画によって、子供の文学素養の向上を図ったのであろう。

　その他にも、2005年に高慧勤・魏大海編の『芥川龍之介全集』も山東文芸出版社から刊行され、日本人作家の全集翻訳出版の新たな一ページを刻んだといえるだろう（孫・李、2011）。学術研究だけでなく、一般読者の芥川文学への理解に寄与することができると思われる。また、2012年に全集の第二版が出版された。中国出版界・学界の芥川文学への高い関心と、芥川文学の人気ぶりが窺えるもう一つの注目すべき点は、第二版に新たに増補した「首が落ちた話」である。清の兵士である主人公何小二は、日清戦争で日本騎兵と衝突して首に重傷を負ったが、瀕死の際に自分の罪を懺悔したために一命を取り留めた。しかし、戦争が済むと無頼漢になり、首が再び落ちたという奇怪な話である。人間性に関する考えだけでなく、芥川の戦争観と、当時の中国の堕落した現状に対する失望も読み取れる（司、2012）。増刷の際、それを付け加えることができたということから、芥川文学をより柔軟に受け入れる中国出版界の姿勢を垣間見ることができよう。

2-3　書名のユニーク化

　20世紀の訳書名は、文学ジャンルや著者を強調した「芥川龍之介小説集」や「芥川龍之介選」など、日本語の原著と同じように付けられた。21世紀以降出版された訳書は、市場競争に有利となるように、書名も工夫されるようになったものと思われる。

　多くの書名は芥川の代表作のタイトルであり、「羅生門」と命名されたものが最も多い。調査した限り、芥川文学の149本の訳本のうち、「羅生門」を書名にした訳本は84本であり、過半数を占める。なぜなら、「羅生門」は芥川の代表作である上、日本語単行本の書名でもあり、映画「羅生門」も中国で広く知られているからである。また、代表作「藪の中」「地獄変」「侏儒の言葉」などと同名の訳本もある。

　工夫を凝らした書名もある。例えば、『芥川龍之介妄想者手記』（北京連合

出版公司、2020年）が目を引く。また、芥川の「京都日記」や、夏目漱石
などの名作を収録した『生活就是做簡単的事（生活とは簡単なことをするこ
と)』（天津人民出版社、2019年）は、いかにも時めくベストセラーのよう
な書名である。

2-4　特定の読者層への配慮

　芥川文学の翻訳出版の増加に伴う読者の理解が深くなるにつれ、読者の多
様なニーズに応えようと、特定の読者層向けの訳本もでてきた。

　例えば、前に述べた『三つの宝』のような子供向けの童話集がある。それ
は挿画が精緻で物語が面白い上、社会の闇を克明に描くと同時に人間の愛情
と善意も伝えるものである。また、少年向けの訳本もある。吉林大学出版社
が2017年に出版した『羅生門（美絵版)』は、小中学生の興味を引きたてる
ためにカラー印刷とイラストを施した。また、よりよく理解してもらえるよ
うに、小中学校の授業目標に合わせて読解ガイドと読解練習が付け加えられ
ている。

　それ以外にも、日本語学習者向けの日中対照版もある。例えば、『羅生門
（日中対照全訳)』（中国宇宙航空出版社、2013年）、『芥川龍之介短編小説選
集（日中対照)』（世界図書出版社、2019年）などである。華東理工大学出
版社が2019年に出版した『羅生門・芥川龍之介短編作品選（日漢対照・精
装有声版)』は、日中対照にとどまらず、中国語・日本語の音声も提供して
いる。読者はコードスキャンでそれを入手できる。

　以上のことから、中国における芥川文学の翻訳ブームは今も続いているこ
とが明らかである。文化商品の社会翻訳学によれば、訳本の普及は政治・経
済・文化交流の影響を受ける（Heilbron & Sapiro、2007；汪、2017）。芥川
文学の翻訳ピークは、中国の政治・経済・文化の発展に深く関わっている。
政治面では、日中両国は1972年の国交正常化から、海洋・軍事安全などで
衝突はあったものの、常によりよい関係構築に向けて努力している。商業的
には、田伝茂（2019）による新中国が成立して以来の翻訳市場の区分による
と、21世紀の翻訳市場は開放型で、最大の利益を目指す傾向がますます強
くなる一方である。以前に比べて、図書出版における出版社の自主権が大き
くなり、積極性もさらに高まったという。改革開放以来、芥川文学が長きに
わたり中国出版界の注目の的であるのは、芥川龍之介の文学的地位や作品の
芸術的魅力もさることながら、著作権法の保護期間が切れ、導入のハードル
が低いことも大きな理由の一つだ。つまり、低コスト化・高収益化という莫

大な経済効果が、芥川文学の翻訳出版を促進したのである。文化面では、中日両国は一衣帯水の関係にあり、民間の往来が頻繁で、留学、観光旅行、文化交流などが順調に進んでいる。また、教育の発展に伴い中国国民の教養が向上し、日本や世界を知ろうという意欲が高まっていることも、多少なりとも中国における芥川文学の翻訳出版に影響したと思われる。

三、21世紀における芥川文学翻訳出版の問題点

　文化商品の社会翻訳学によると、文化商品の翻訳は極端な高度商業化がなされれば、利益を追求する過程でかえって文学・文化事業を損ねる可能性がある（Sapiro、2003）。中国の翻訳出版はまだそれほど極端なものではないが、市場経済である現在、芥川文学の翻訳出版において以下のような問題があり、改善すべきだと考える。

3-1　訳本の同質化

　21世紀に入ってからわずか21年の間に百種類以上も出版された芥川文学の訳本には、同質性の高い訳本が溢れている。

　特定の文学ジャンルやテーマがある編訳本以外に、総合的な編訳本は時代背景や知名度、芸術的貢献、テーマなどのバランスを取り、読者に芸術的感覚と情報を最大限に提供する必要がある。しかし、一部の編訳本は大同小異である。2019年に出版された12種類の総合的な編訳本[1]を例にとると、「羅生門」「鼻」を収録したものが11種類、「薮の中」が10種類、「戯作三昧」が8種類、「地獄変」が7種類、「芋粥」「阿呆の一生」「河童」「報恩記」が5種類という様子である。収録作品がかなり重なっているように見受けられる。芥川の活動を全面的に知ることができる芥川全集が出版されたが、一般読者向けというより主に学術研究に利用されるであろう。

　前節で述べたように書名はユニークになってきたが、同様に同質化の問題がある。例えば、21年間に「羅生門」と名付けられた訳本は84種類もある。同名の訳本が多すぎると、紛らわしくて読者を困惑させるのではないか。

　訳本の同質化は、出版社が利益を過度に追求する現象に関わっている。芥川文学は改革開放以来、売れ行きも人気も高く、著作権法の保護期間が切れたため一部の出版社がその利益に気づき、盲目的に出版しているからである。芥川文学はむろん出版に値するが、出版社が資源を浪費せず、翻訳出版の市場に混乱を招かないように訳本の差別化を図るべきであろう。

3-2 訳本の低質化

　前述したように質の高い訳本が少なくないが、低質の訳本もある。例えば、王栄波訳の『羅生門』（延辺教育出版社、2019年）は、全16編で合計18万字であるが、注釈が一つもない。万巻出版社が2014年に出版した『羅生門』は、読解案内が1ページしかない。芥川作品の特徴を簡単に紹介しただけで、具体的な作品についての検討や分析が一切ない。確かに、読者に自由に鑑賞する余地を与えるものではあるが、二訳本とも芥川文学の入門書である以上、適宜注釈や解説をつけたほうがいいと思われる。

　また、書名は目をひきつけるが、内容はそれに相応しくない訳本もある。例えば、江蘇鳳凰文芸出版社が2018年に出版した『愛情這東西（愛情というもの）』である。芥川が恋愛を書いた作品が収録されているように見えるが、実は「侏儒の言葉」と「支那游記」である。「侏儒の言葉」は人生、社会や芸術などについての考えを記したものであり、「支那游記」は上海、北京、天津などを回った紀行文である。いずれも恋愛題材ではない。また、解説がないため、編集者の意図がわからない。精緻な挿画と注釈はあるが、書名の付け方は不適当だと考えられる。

3-3 詩歌の出版の欠如

　芥川龍之介を全面的に理解するためには、詩人としての一面も重視すべきだ。中国古典に蘊蓄がある芥川は、急速な近代化に危機感を抱き、伝統文化を守ろうとしていた。小説以外にも、繊細な感覚を生かし、千句以上の俳句、五百首以上の和歌、漢詩など大量の詩歌を残した。このような芥川について中村（1983）は、芥川が芭蕉の風雅に私淑し、「最も伝統的な花鳥風月の士であったとも言え、最も『俳人的』な素養の作家であったと言えるかもしれない」と述べている。また、「大正時代の屈指の漢詩人であった」とも評されている（邱、2014）。

　しかし、現在の芥川文学の翻訳出版は小説に集中し、芥川文学を理解する重要な部分としての詩歌の出版が欠けている。『芥川龍之介全集』は詩歌を収録したが、解説も注釈もないため、読者に不親切だという点で遺憾である。

　なぜ詩歌の翻訳出版があまり進まないのか。詩歌の翻訳において、訳者にとって音韻をどう扱うか、隠喩などの言葉の微妙さをどう伝えるかといった点はとりわけ難しい。特に、俳句と和歌は韻律や表現が中国の古典詩や現代詩とは非常に異なるがゆえ、その翻訳方法に関する議論は今でも続いている。出版社からすれば、芥川の詩歌の出版は割に合わないし、リスクも伴う。ま

た、現在中国における芥川研究も主に小説に集中し、詩歌に関する研究は稀である。それも詩歌の翻訳出版に影響したと考えられる。もう一つ考えられる要因は、現在中国において古典詩の普及が推し進められており、中国現代詩もすでにそれなり影響力を持っていることにあろう。そのため、出版社は日本詩歌を導入する意欲は低いであろう。

　今後は、小室善弘（2000）、邱雅芬（2010）などの国内外の研究成果を参考にして、芥川詩歌の翻訳出版に取り組んでいってほしい。

おわりに

　本稿では、21世紀に入ってからの中国における芥川龍之介文学の翻訳出版の状況について考察し、その成果及び問題点を明らかにした。

　その結果、四つの成果があることが分かった。第一に、訳本の種類が激増し、空前のブームが起きている。第二に、訳本が収録した文学ジャンルも題材も多様化し、全集までも出版され、読者の芥川文学に対する理解に資した。第三に、型にはまった書名を付けがちな20世紀と違い、ユニークなものが増えてきた。最後に、特定の読者層向けの訳本が出版され、読者の多様なニーズに応えるようになった。中日両国の国交正常化や中国の市場経済化に伴う翻訳市場の開放性は、芥川文学の翻訳出版の成長につながったと考えられる。また、中国人の教養、外国文化に対する受容度、日本や世界の文学・文化をさらに知ろうとする意欲などの向上も拍車をかけたであろう。

　他方、改善すべき問題点もある。まず、百種類以上も出版された芥川文学の訳本には、同質化したものが少なくない。次に、入門書であるものの注釈や解説がまったくないものや、内容が書名に相応しくない訳本もある。また、芥川の詩人としての一面が重視されておらず、詩歌の出版が欠けている。このような問題は、資源の浪費を生み出すだけではなく、翻訳出版の市場に混乱を招くと思われる。

　以上の考察を踏まえて、これからの中国での芥川文学の翻訳出版について提言したい。今後、読者のニーズはますます多様化していくことが予想されるが、出版の現状を踏まえて、出版社は盲目的に出版するのを止めて、読者のニーズに則した質の高い訳本を編纂するのがよいだろう。また、読者の芥川に対する理解が全面的に深まるように、詩歌などにも注目してよいと考える。そうすることにより、経済効果と社会効果の両方を達成することが期待できよう。もちろん、読者一人一人の努力も欠かせない。文学出版の成長は、

読者の文学的素養に深く関係しているからだ。読者が積極的に文学的素養を高め、訳本の質や内容に対し高い期待をかければ、良い訳本の制作を促すことができるであろう。

また、本研究から日中両国の文学交流に関して、以下のような示唆が得られる。交流を深めるには、翻訳テクニックのみならず、相手国の政治・経済・文化などを理解し、特に読者の趣味や審美観などを考える必要がある。読者のニーズを満たし、適切な作品を選択し、良い翻訳をするのが、文学の海外伝播にとって非常に重要だということである。そうすることで世界文化の繁栄と発展を促進することにもつながっていくだろう。

本論文は、芥川龍之介文学の中国での翻訳出版について考察したが、日本文学の中国での翻訳、さらには中国文学の日本での翻訳について全般的に俯瞰することができなかった。それを今後の課題としたい。

参考文献
（中国語文献）
　王慶民・孫久富（1989）「芥川龍之介俳句十首」『日語学習与研究』5号、p.48
　王向遠（1998）.「芥川龍之介与中国現代文学--対一種奇特的接受現象的剖析」『国外文学』1号、pp.118〜123
　魏大海（2012）「重印序」 高慧勤・魏大海（編）『芥川龍之介全集』（第一巻）山東文芸出版社
　康東元（2017）『日本近現代文学漢訳全典』外語教学与研究出版社　pp.11〜55
　高寧（2002）「論訳介学与翻訳研究空間的拓展」『中国比較文学』1号、pp.94〜107
　邱雅芬（2010）『芥川龍之介の中国：神話と現実』花書店
　邱雅芬（2014）『芥川龍之介学術史研究』訳林出版社
　田伝茂（2019）『新中国翻訳市場発展60年研究』中国社会科学出版社
　魯迅（1996）『魯迅全集』（第十巻）人民文学出版社
　汪宝栄（2017）「社会翻訳学学科結構与研究框架構建述評」『解放軍外国語学院学報』40巻5号、pp.110〜118、p.160
　司志武（2012）「論芥川龍之介『落頭之談』中的『中国形象』与反戦思想」『暨南学報（哲学社会科学版）』34巻7号pp.111〜116
　秦剛（2004）「現代中国文壇対芥川龍之介的訳介与接受」『中国現代文学研究叢刊』2号、pp.246〜266
　孫立春・李蕾（2011）「芥川文学在華訳介九十年之反思--従接受美学出発」『日本研究』1号、pp.95〜99
　趙玉皎（2019）「訳后記」趙玉皎（訳）『羅生門』雲南人民出版.

（日本語文献）
　小室善弘（2000）『芥川龍之介の詩歌』、本阿弥書店
　中村草田男（1983）「俳人としての芥川龍之介」、『芥川龍之介研究』日本図書センター,265-271.

（英語文献）
　G. Sapiro（2003）The literary field between the state and the market.Poetics,31（5）,450-453.
　Heilbron, J. & G. Sapiro（2007）Outline for a sociology of translation: Current issues and future prospects. M. Wolf & A. Fukari, Constructing a Sociology of Translation（93-107）. Amsterdam : John Benjamins.

1　2019年の12種類の総合的な編訳本は以下の通り。
『羅生門』（百花文芸出版社）、『傻子的一生』（百花文芸出版社）、『羅生門』（北方文芸出版社）、『羅生門』（春風文芸出版社）、『羅生門』（大連理工出版社）、『羅生門・芥川龍之介短編作品選（日漢対照・精装有声版）』（華南理工大学出版社）、『羅生門』（江蘇鳳凰文芸出版社）、『羅生門』（遼寧人民出版社）、『薮の中』（人民文学出版社）、『芥川龍之介の短編小説選集（日漢対照）』（世界図書出版社）、『羅生門』（現代出版社）、『羅生門』（延辺教育出版社）。

若者のSNS利用に関する実態調査
～中日両国の大学生を対象に～

大連民族大学外国語学部
日本語学科4年
楊皓然

はじめに

　インターネットとスマホの普及に伴って、SNS[1]を一般的に使用している大学生が多くなってきた。筆者の周りには「SNSがないと生きられない」という人までいる。私も毎朝目覚めてすぐにSNSを見る。空いている時間もほぼSNSを見ている。このように1日の多くの時間をSNSに割いている。SNS依存の問題は深刻になっており、直面しなければならない課題であると痛感している。

　このような状況を踏まえ、中国の日本語専攻の大学生として日本の大学生はSNSをどのように利用しているのか、中日間の大学生においてSNSの使用の仕方に何か違いがあるのかを考えるようになったことが、本研究の問題意識でもある。

　本研究は中日両国の大学生におけるSNSの使用状況を調査し、両者の状況が同じなのか、相違があればどのような違いがあるのか、また、その後ろに潜んでいる社会文化的な原因を探求しようと考える。本研究が両国の異文化理解に役立ち、さらにはSNSを使う大学生の自己制御能力の向上につながることを望む。

一、先行研究

　呉（2014）は中国の大学生が最も多く使うSNSが「QQ」、「Qzone」[2]と「Wechat」であると言及しており、王・張（2015）は中国の大学生におけるSNS利用の主な内容と目的は、情報の収集、友達の状況を知ること、映画・

ドラマ・音楽などを楽しむことにあるという。

　一方、日本では、安澤（2009）は日本の大学生におけるインターネットの利用内容に関して、SNSが51.7％で、Web閲覧（85.1％）を除いて最も利用頻度が高いと報告している。総務省情報通信政策研究所の最新調査報告書によると、2018年の時点で、日本人のインターネット利用項目別の利用時間では平日はメールが最も長く、次いではソーシャルメディア[4]であり、休日は動画投稿・共有サービス[5]が最も長く、次にソーシャルメディアが多いという。

　王・和田（2014：454）は、中日両国の大学生におけるインターネット依存に関して調査を行い、中国人大学生は日本人大学生よりネット依存傾向が高いと述べている。

　先行研究では、中日両国の大学生におけるSNSの使用状況に対して詳しく比較するものは見当たらなかった。しかし、このような研究は、インターネット依存、SNS依存の急増という社会現象の解決に重要であり、また、互いの大学生の状況、そして、その背後に潜んでいる社会文化的な原因を解明することは、中日間の異文化理解にも有意義であると考える。

二、調査概要

2-1　調査時期・協力者

　調査は2019年9月下旬に行った。調査協力者は中国と日本の大学に在籍している1〜4年生である。調査協力者の内訳は**表1**の通りになる。

表1　調査協力者[6]

	1年生	2年生	3年生	4年生	合　計
中　国	12名	14名	4名	20名	50名
日　本	2名	15名	4名	9名	30名
合　計	14名	29名	8名	29名	80名

出所：筆者作成

　中国の大学生の最終有効回答者は19の大学に所属しており[7]、日本の大学生の最終有効回答者は13の大学に所属している[8]。

2-2　調査方法

　本研究はアンケート調査法を採用し、中日両言語で調査票をそれぞれ作成し、インターネットで「問巻星[9]」を通じて調査協力者にアンケート調査の質問に答えてもらった。取得したデータに関しては単純集計の方法で統計した。

　アンケート調査表は大学生のプロフィールとSNSの使用状況からなり、プロフィールは、「国籍」、「大学」と「学年」から構成されている。SNSの使用状況に関しては、「①よく利用するSNSは何か」、「②SNSでは多くの時間をどのようなことに使用しているか」、「③SNSの使用目的は何か」、「④SNSを使用する時間は毎日どのぐらいか」、「⑤SNSを1日使わないとどうなるか」、「⑥SNSを1日使わない時の感情状態の発生原因は何か」、「⑦SNSに依存する傾向があると思うか」という7つの質問項目から構成されている。そのうち、上記の①〜③の項目は、それぞれ多選択肢の形をとっている。④の項目は、「1h以下」、「1〜3h」、「3〜5h」、「5〜7h」と「7h以上」という評定尺度を取っている。⑤の項目に対しては、「とても楽しい」、「少し楽しい」、「いつもと同じだ」、「少しイライラする」、「非常にやきもきする」の5段階の評定尺度を使用している。⑥の項目は記述式の回答形式をとっている。⑦の項目は「ある」、「少し」、「ない」の3段階の評定尺度を使用している。質問項目を作成した後、意味の違いによる解答のずれが生じないように、ネイティブチェックによる確認を行った。

三、結果と考察

3-1　よく利用するSNS

　中日両国の大学生における「よく利用するSNS」を調べるため、13個のアプリケーションと「その他」をオプションとした[10]。その結果は表2の示す通りである。

表2　「よく利用するSNSは何か」

選択肢	中国の大学生の比率	日本の大学生の比率
Wechat	27.93%	7.76%[11]
QQ	23.46%	0.86%
Weibo	21.23%	0
Tik Tok	8.94%	2.59%
Line	0.56%	14%
Twitter	3.35%	13.79%
Facebook	2.79%	2.59%
Instagram	4.47%	18.97%
Pinterest	1.68%	0.86%
YouTube	3.91%	18.97%
Google+	0.56%	6.03%
Niconico	0.56%	3.45%
Kakaotalk	0.56%	0
その他	0	0

出所：筆者作成

　中国の大学生のよく利用するSNSにおいて「Wechat」がもっとも高く、その次は「QQ」、「Weibo」である。日本の大学生のよく利用するSNSでは「Line」が最も高く、続いて「YouTube」、「Instagram」である。中日両国の大学生はともにコミュニケーション機能を主とするSNS（「Wechat」、「QQ」、「Line」）を一番よく利用することが判明した。しかし、中国の大学生がよく利用するSNSの第一位、第二位は、ともにコミュニケーションが主な機能であるのに対して、日本の大学生が二番目に多く使うSNSは、写真と動画などの共有が主な機能である「YouTube」、「Instagram」であることから、中国の大学生は日本の大学生よりコミュニケーション志向が強いのではないかと考えられる。

3-2　SNSは多くの時間をどのようなことに使用しているか

　「SNSでは多くの時間をどのようなことに使用しているか」という質問には、「人と交流する」、「同じ趣味の人と出会いたい」、「情報の収集と閲覧」、「情報の宣伝と共有」、「娯楽と退屈しのぎ」、「収入を得る」と「その他」をオプションとした。その結果は以下の表3の示す通りである。

表3　「SNSでは多くの時間をどのようなことに使用しているか」

選択肢	中国の大学生の比率	日本の大学生の比率
人と交流する	86%	80%
同じ趣味の人と出会いたい	36%	36%
情報の収集と閲覧	84%	83%
情報の宣伝と共有	42%	30%
娯楽と退屈しのぎ	74%	77%
収入を得る	6%	0
その他	0	3%

出所：筆者作成

　表3から以下のことが分かった。
　まず、中日両国の大学生の選択肢の中で、「人と交流する」、「情報の収集と閲覧」が最も大きな割合を占めている。ただし、中国の大学生は「情報の収集と閲覧」より「人と交流する」ほうの比率が高いが、日本の大学生の場合は「情報の収集と閲覧」のほうが「人と交流する」より比率が高い。それは表2に示されているSNSの利用において、中国の大学生は人とのコミュニ

ケーション機能を持つものをより重要視していることを裏付けている。

　次に、「情報の宣伝と共有」では、中国の大学生の比率は日本の大学生の比率より高く、中国の大学生は日本の大学生よりSNSを対外的に利用していることが伺われる。

　また、「収入を得る」を選んだ中国の大学生は3%いるが、日本の大学生は1人もおらず、中国の大学生は日本の大学生よりSNSをより現実的な需要に則して使用していると考えられる。

3-3　SNSの使用目的

　「SNSの使用目的は何か」の質問項目には、「楽しいから」、「日常の勉強、生活などの需要を満たす」、「SNSを使わないと社会の流れから離れているような気がする」、「チーム（クラス、部活など）がSNSを使うことを求める」、「SNSで収入を得る必要がある」と「その他」をオプションとした。その結果は以下の表4が示す通りである。

表4「SNSの使用目的は何か」

選択肢	中国の大学生の比率	日本の大学生の比率
楽しいから	76%	77%
日常勉強、生活などの需要を満たす	96%	66%
SNSを使わないと社会の流れから離れているような気がする	50%	23%
チーム（クラス、部活など）はSNSを使うことを求める	52%	43%
SNSで収入を得る必要がある	8%	3%
その他	0	0

出所：筆者作成

　中国の大学生では、「日常の勉強、生活などの需要を満たす」を選んだ人が最も多く、96%に達しているが、日本の大学生では、「楽しいから」を選んだ人が最も多く、77%である。

　「日常の勉強、生活などの需要を満たす」、「SNSを使わないと社会の流れから離れているような気がする」、「チーム（クラス、部活など）がSNSを使うことを求める」「SNSで収入を得る必要がある」の4つの項目は現実的な需要であり、この4項目においてはどちらも中国の大学生のほうが比率が高いという点から、中国の大学生は日本の大学生よりも、SNSを現実的な需要に使用しようとする意欲が強いことがわかった。

3-4　毎日SNSを使用する時間

「SNSを使用する時間は毎日どのぐらいか」という質問項目の調査結果は以下の**表5**が示す通りである。

表5　「SNSを使用する時間は毎日どのぐらいか」

選択肢	中国の大学生の比率	日本の大学生の比率
1h以下	12%	3%
1~3h	46%	63%
3~5h	26%	27%
5~7h	8%	7%
7h以上	8%	0

出所：筆者作成

　まず、両国の大学生において、「1～3h」「3～5h」を選んだ人が最も多い。

　次に、「5～7h」と「7h以上」の2項目はSNS依存と緊密につながるが、この2項目において、中国の大学生は日本の大学生より比率が高いということから、中国の大学生のほうがSNS依存の傾向が強いと言える。これは近年、中国ではインターネットとスマホの普及が急激に発展しており、大学生はそれに大きく影響されているからだと考えられる。

3-5　SNSを1日使わない時の感情状態とその発生原因
3-5-1　SNSを1日使わない時の感情状態

　「SNSを1日使わないとどうなるのか」という質問項目の調査結果は以下の**表6**となる。

表6　「SNSを1日使わないとどうなるのか」

選択肢	中国の大学生の比率	日本の大学生の比率
とても楽しい	6%	0
少し楽しい	2%	40%
いつもと同じだ	32%	30%
少しイライラする	54%	20%
非常にやきもきする	6%	10%

出所：筆者作成

　5項目の中で、中国の大学生は「少しイライラする」を選んだ人が最も多いが、日本の大学生は「少し楽しい」を選んだ人が最も多い。「少しイライラする」と「非常にやきもきする」の2項目はSNS依存と深く関係するが、この2項目を合わせて見れば、中国の大学生のほうが日本の大学生より比率が高く、全体的に言えば、中国の大学生のほうがSNS依存の傾向が強い。

3-5-2　SNSを1日使わない時の感情の発生原因

　「SNSを1日使わない時の感情状態の発生原因は何か」という質問は、「SNSを1日使わないとどうなるのか」という質問への答えに対応するものであり、記述式の回答形式を採用した。その結果は以下の通りである。

　まず、「SNSを1日使わないとどうなるのか」という質問に対して、「とても楽しい」「少し楽しい」を選んだ両国の大学生は、「ストレスが減る」という回答で一致している。

　次に、「いつもと同じだ」を選んだ両国の大学生は、「SNSは不必要だ」という回答が多くを占めた。中国の大学生は、「SNSは、私にとってはただ連絡を取り合う場に過ぎず、必要不可欠ではない」というような回答が多い。それに対して、日本の大学生は「基本的に日常的に使っているので、平常心を心がけている。したがってSNSを使う日も使わない日も、精神的に大きな影響はない」というような回答が多い。SNSが不必要であるという点では両国の大学生は同様であるが、中国の大学生は外的要因として回答しているが、日本の大学生は自身が内面的な平常心で調整すると、内的要因として回答している。

　また、「少しイライラする」、「非常にやきもきする」を選んだ両国の大学生は、「生活に支障を来す」のような回答が一般的である。

3-6　SNSに依存する傾向

　「SNSに依存する傾向があると思うか」に対する調査結果は表7の通りである。

表7　「SNSに依存する傾向があると思うか」

選択肢	中国の大学生の比率	日本の大学生の比率
ある	44%	37%
少し	44%	57%
ない	12%	7%

出所：筆者作成

「SNSに依存する傾向があると思うか」に対して、「ある」と「少し」の2項目を合わせると、中国の大学生は88％であり、日本の大学生は94％であり、日本の大学生の方が比率が高い。一方、「ない」と答えた中国の大学生は日本の大学生より5％多い。この2点からみると、中国の大学生のSNS依存に対する自己認知力が日本の大学生より低いことが見られる。

四、結論

上記の調査結果から、以下のような結論が得られる。

第一に、中日両国の大学生はともにコミュニケーション機能が主となるSNSをよく利用するが、中国の大学生のほうがコミュニケーション志向がより強い。

それは、中国の大学生が一番利用するSNSはコミュニケーションが主となる機能のものであること、また、SNSを利用する時、人との交流に最も多くの時間を使うことから分かる。陳（2004：162）は、中国人は、対人関係に「感情交流」を求める傾向が強いと論じている。SNSの利用が普及している現在、中国人の大学生はSNSを主なコミュニケーションの手段として、情報の交換やお互いの考えを伝えあう等の感情の交流などを行っているのではないかと考える。

第二に、SNS使用の内容と目的において、中国の大学生は外面的で、現実的傾向があるが、日本の大学生は内面的で、精神的な傾向が強い。

「SNSでは多くの時間をどのようなことに使用しているか」という質問への回答において、中国の大学生は「情報の宣伝と利用」、「収入を得る」という2項目について日本の大学生より比率が高い。この2項目は外の世界と深くつながり、対外的である。それと同時に、現実的な一面もある。また、中国の大学生においては、「日常の勉強、生活などの需要を満たす」ことがSNS使用のもっとも強い目的である。これは中国のSNS自体に現実生活に密着した機能が多いこととも関係しているが、中国の大学生は現実的需要を満たすためにSNSを利用しようとする傾向があるとみられる。

一方、日本の大学生は、「情報の収集と閲覧」最も多くの時間を使い、SNS利用の目的については「楽しいから」を選んだ人が一番多い。「情報の収集と閲覧」と「楽しいから」は、外部の現実の世界とはあまり関わらず、個人の内部からの需要に基づくものであると考えられるため、日本の大学生のSNSの利用はより内面的で、精神的であると言えよう。

　第三に、中国の大学生は日本の大学生に比べてSNS依存の傾向が強いが、それに対する自己認知力が低い。

　「毎日SNSを使用する時間はどのぐらいか」という質問に関して、SNS依存と緊密につながる「5〜7h」と「7h以上」の2項目において、中国の大学生は日本の大学生より比率が高いため、中国の大学生のほうがSNS依存の傾向が強いと考えられる。「SNSを1日使わないとどうなるか」という質問に対して、日本の大学生は「少し楽しい」を選んだ人が最も多いのに対して、中国の大学生は「少しイライラする」を選んだ人が一番多い。ここからも中国の大学生においてはSNS依存の傾向が強いことがわかる。

　一方、「SNSに依存する傾向があると思うか」という質問に対して、両国の大学生はどちらも高い比率で依存の傾向があると回答しているが、中国の大学生のほうが依存に対する認識が低い。この点から、中国の大学生はSNSに対してより楽観的で、利用頻度や依存度においてより無自覚だと見られる。これに対して日本の大学生は、SNSの出現に対して、やや警戒心と慎重さを持っていると伺われる。

おわりに

　本稿は、中国と日本の大学生80名を調査協力者にアンケート調査を行い、両国の大学生におけるSNSの使用状況を6つの面から見てきた。その結果、まず、両国の大学生は共にコミュニケーションが主な機能であるSNSを一番良く使うが、中国の大学生は日本の大学生よりコミュニケーション志向が強く、次に、SNSの使用に関しては、中国の大学生は外面的で現実的な需要に傾いているが、日本の大学生は内面的な精神傾向があり、また、中国の大学生は日本の大学生に比べてSNS依存の傾向が強いが、それに対する自己認識力が足りないということがわかった。SNSへの依存を減らすために、中国の大学生はSNSの使用における自制能力を高め、SNS依存の弊害を十分に認識し、より多くの時間と気力を現実に引き戻す必要がある。同時に学校と社会側も大学生のコミュニティ心理に関心を持ち、大学生の対人関係におけるストレスや孤独感を最小化し、大学生がSNSを正しく認識し、SNSへの依存から脱却できるよう支援すべきである。

　本調査から得られたSNSの使用に関して、中国の大学生は人とのコミュニケーション志向が強いが、日本の大学生は精神的で内面的志向を見せているという両スタイルの発見は、中日両国の異文化コミュニケーション上、意

味があると考える。

　本稿では、調査対象者を1年生から4年生にしたため、全体の傾向は把握できたものの、学年ごとの違いについては解明できなかった。また、物理的な距離やネットワークなどが限られているため、日本国籍の大学生の調査対象人数は多くない。特に、今回の調査には、中国留学中の日本人大学生も含まれるため、この点は調査の結果に若干影響すると考えられる。そして、中日両国のスマホの普及の度合いと、SNSのウィーチャットペイやアリペイのような支払機能の使用状況が違っており、両国の大学生のSNSの使用状況の違いを引き起こした。中日両国の大学生は自分の国で流行しているSNSアプリケーションを使用することに慣れているため、異なるSNSアプリケーションの機能傾向から関連データを分析するしかない。異なる学年、より多くの日本の大学生、とくに日本国内で生活している大学生を対象に調査ができれば、スマホの普及の度合いや、SNSの機能、SNSアプリケーションの相違による影響を低減することが可能となり、SNSの使用状況についてより興味深い結果が得られるのではないだろうか。これを今後の課題としたい。

参考文献

吴祖宏（2014）「大学生手機社交媒体依頼的問巻編製及特点研究」西南大学修士論文

安澤好秀（2009）「インターネットへの依存傾向の実態と心理的要因に関する一考察——強迫および回避との関連性を主眼に」『臨床心理学研究』、pp.141-161

王霞・和田正人（2014）「中国と日本の大学生のインターネット依存傾向」『東京学芸大学紀要』65、pp.437-458

王重重・張瑞静（2015）「大学生社交媒体使用動機与媒介依頼」『新聞世界』11、pp. 88-90

陳向明（2004）『旅居者和"外国人"——留美中国学生跨文化人際交往研究』教育科学出版社

総務省情報通信政策研究所（2019）『平成30年度情報通信メディアの利用時間と情報行動に関する調査報告書〈概要〉』　https://www.soumu.go.jp/main_content/000644166.pdf

---

1　SNSは「Social Networking Service（ソーシャル・ネットワーキング・サービス）」の略で、インターネットを介して人間関係を構築できるスマホ・パソコン用のWebサービスの総称である。（http://www.toha-search.com/it/sns.htm を参照。）

2　中国語では「QQ空間」。

3　「平成30年度情報通信メディアの利用時間と情報行動に関する調査報告書」〈概要〉

4　Twitter、LINE、Facebook、Instagramなどを例示した。

5　YouTube、ニコニコ動画、ニコニコ生放送、ツイキャスなどを例示した。

6　非大学生からの回答は6件あったが、無効回答とした。

7　19の大学はそれぞれ大連民族大学、長春大学観光学院、吉林大学、江西農業工学職業学院、中国美術学院、延辺大学、北京科技大学、福建師範大学、上海外国語大学、山東師範大学、吉林師範大学、貴州財経大学、中国農業大学、華東理工大学、ハルビン理工大学、浙江万里学院、邵陽学院、上海復旦大学、南京航空航天大学である。

8　13の大学はそれぞれ大連外国語大学漢学院、名古屋経済大学、関西学院大学、昭和女子大学、文教大学、東京大学、早稲田大学、龍谷大学、杏林大学、関西外語大学、亜細亜大学、福岡

　　大学、青山学院大学である。そのうち、「大連外国語大学漢学院」は、大連外国語大学によって開設された中国における重要な留学生の中国語教育機関であり、海外との交流が活発になされ、日本人留学生を多数受け入れている

9　「問巻星」は中国における専門的オンラインアンケート調査、評価、投票プラットフォームである。

10　中日間ではSNS事情とネット環境が異なるため、あるSNSは中国の人気アプリであるが、日本ではあまり知られていない。一方、日本ではよく利用されているアプリであるが、中国では利用できないことがある。しかし、本研究はSNSの使用における両国の大学生の相違を見るのが目的であり、同じSNSに対する両国の大学生の比率の相違というより、それぞれの大学生がSNSを利用する傾向を見るためのものである。そのため、選択肢に関して、特に国によってアプリを区分けることはしなかった。

11　日本人の調査協力者には大連外国語大学漢学院の日本人の留学生がおり、彼らが日常生活の中で、現地の中国人と連絡するために「Wechat」を利用しなければならないことが多い。

RCEP下の中日韓自由貿易
地域建設の可能性を考える
～農産物貿易の視点から～

上海外国語大学日本文化経済学院
国際貿易（日本語）学科4年

胡孟雪

はじめに

　近年、中国や日本、欧州連合（EU）などの貿易大国（地域）は、WTOのルールを最大限に活用するとともに、自由貿易協定（FTA）への参加を強化し、主要貿易相手国とのFTA締結を積極的に図っている。

　2020年11月15日に開催された地域的な包括的経済連携（RCEP）首脳会議で、日本や中国、韓国など東アジアを中心に15か国が参加する地域的な包括的経済連携、即ちRCEPが合意に達し、署名式が行われた。世界の人口とGDPのおよそ3割を占める世界最大規模の自由貿易圏が生まれることになった。

　中日韓は東アジア最大の経済体である。2015年末までに、中日韓FTA交渉は9回行われ、その内容は貨物貿易、サービス貿易、原産地規則、税関手続きと円滑化、貿易救済など14の議題に及んだ。しかし、各国の経済発展レベルと市場開放の程度は異なり、それぞれの期待を考慮すると、FTAの実現にはさらなる多くの知恵と、いくつかの実質的な問題を解決する必要がある。RCEP締結は、東アジア地域経済統合を推進するとともに、中日韓のFTAについての研究にも重要な意味を持つ。

　特に、農業問題は中日韓FTA推進上、最大のハードルである。互恵的な協力関係を検証できれば、FTAそのものの妥当性と必要性が認識され、それぞれの国民に大きな利をもたらすことができるだろう。

　そこで本論では、中国、日本と韓国の農業貿易の背景と、各国の農業の特徴と相違点を整理し、相互補完性を原則とした農業貿易の実施可能性の検証を通じて、FTA実現の可能性を考察したい。また各国の農産物貿易問題と、

その問題の合理的解決のための試行的なシナリオを考察したい。

一、中日韓自由貿易地域建設の背景と歴史

1-1　中日韓FTA構築の背景

　経済のグローバル化が進む中で、地域を基盤とした経済統合が急速に進んでいる。地域経済統合は第二次世界大戦後、国際貿易発展の潮流となっているものの、文化的かつ地理的に近い中日韓においては、三国を含むFTAは締結されて来なかった。中日韓三国の経済構造の大きな相互補完性は、各国の資源賦存状態及び生産要素の違いから見い出すことができる。例えば、日韓両国は、資金が豊富で技術も発達しているが、狭い国土のためエネルギーや資源が不足している。これに対し、中国は豊富な労働力で賃金コストを抑えて来た。三国は経済発展のレベルと産業構造の整備の中で、各々が段階的に産業構造の転換を進めて来た。日本や韓国にとっては、中国は最大の貿易パートナーであり、現在欧米市場が弱い状況にある中で、中日韓三国の経済貿易関系の拡大は、三国の経済安定と発展にとって極めて重要である。

　特に2020年11月15日のRCEP締結によって、次のターゲットとして中日韓FTA交渉が期待されている。グローバリゼーションに逆行する新型コロナウイルスのパンデミック対応課題がある中、このFTAが成立すれば、アジア太平洋の経済統合は更に進み、世界経済の回復を促進する新しいエンジンとなり得る。

　中日韓がRCEPのメンバー国であることは、中日韓FTAの実現のための重要な基礎である。三国間の貿易額は1999年の1,320億ドルから、2019年には6,220億ドルと、20年間で約4.7倍に拡大した。大きな発展の潜在力を有する三国のFTAの合意がもたらす貿易創造効果と、転換効果の期待は膨らむ。

1-2　中日韓FTA推進の障害

　中日韓は、長年にわたって農産物問題で合意に達することが難しいと言われ、FTA実現の足を引っ張ってきた。中日韓の農産物貿易の自由化と、それが直面する課題をどのように理解・認識し、いかなる措置を採れば協力を推進できるかが、FTA実現プロセスにおける大きな焦点となっている。FTAの設立はほぼ経済問題であるが、国際政治にも大きく関係する。非経済的要因、特に地域の安全保障や三者間の戦略的立場の違いが、重要でかつ困難な問題である。

二、 中日韓三国の農産物貿易の詳細

2-1　中日韓三国の農産物の輸出入状況

　図1は中国、韓国、日本の農産物輸出の推移を、図2はその輸入の推移を示している。韓国と日本は、農産物の輸入が輸出をはるかに上回る食品輸入大国である。2000年代初めまでは、輸入と輸出がほぼバランスしていた中国の農産物の輸入規模は、2007年には480億ドルに達し、日本の輸入額460億ドルをわずかに上回る状況であったが、その後、中国の輸入額は急拡大し、20年には1,935億ドルとなり、日本の輸入額569億ドル、韓国の輸入額277億ドルを大きく上回っている。

図1　中日韓の農産物輸出額の推移（1980～2020年）　単位：億ドル

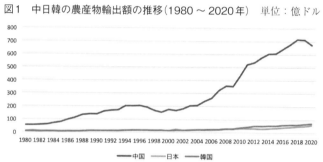

出所：国際連合食糧農業機関統計データベース（FAO STAT）より筆者作成

図2　中日韓の農産物輸入額の推移（1980～2020年）　単位：億ドル

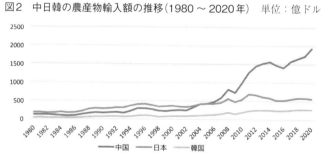

出所：国際連合食糧農業機関統計データベース（FAO STAT）より筆者作成

2-2　中日韓貿易における相互依存度

　一国の他国に対する輸出入額がその国の貿易総額に占めるシェアは、対外貿易の国民経済における位置づけの変化を意味し、それぞれの経済における貿易の影響力や、経済的結びつきの強さを説明できる。

　1990年以後、日中両国間の貿易額は概ね順調に推移し、日中貿易の発展速度は両国の対外貿易全体の発展速度をはるかに上回った。1990年代〜2000年代はじめは、中国の貿易総額に占める日本の構成比は一貫して日本のそれを上回った。1990年から1996年にかけて、中国の貿易総額に占める日本の構成比は14.38％から20.72％に、日本の貿易総額に占める日中貿易総額の割合は3.18％から7.90％に上昇した。

　2000年に、日中は『第五次中日長期貿易協定』を締結、また2001年には中国がWTOに加盟したことで、日本の対中貿易はさらに増加した。しかし、中国の対外開放の拡大で貿易相手国の多様化が進み、日本の対中構成比率は増加していくのに対して、中国の貿易総額に占める対日構成比率は減少していった。2001年、中国の貿易総額に占める日本の構成比率は17.21％だったが、2020年には6.58％に低下したのに対し、日本の貿易総額に占める中国の割合はそれぞれ11.66％から23.93％に増加し、日本の対中依存度は次第に高まっていった（**図3、図4**を参照）。

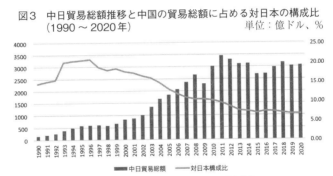

図3　中日貿易総額推移と中国の貿易総額に占める対日本の構成比
（1990 〜 2020 年）　　　　　　　　　　　　単位：億ドル、％

出所：中華人民共和国商務部、日本貿易振興機構の資料をもとに筆者作成

図4　日中貿易総額推移と日本の貿易総額に占める対中国構成比
（1990 〜 2020 年）　　　　　　　　　　　　単位：億ドル、％

出所：中華人民共和国商務部、日本貿易振興機構の資料をもとに筆者作成

　日韓貿易については、1990年から2020年までの推移を見ると、2011年を
ピークに乱高下し、ここ1〜2年は減少傾向にある。日韓国交正常化以来、
韓国が貿易赤字を続けてきた主な原因は、双方の貿易産品の構造と貿易障壁
にあるが、1990〜2020年の間に日本の貿易総額に占める韓国の割合が6.17%
から5.58%に低下したことは、日本の貿易における韓国の依存度が低下した
ことを示している（**図5、図6を参照**）。

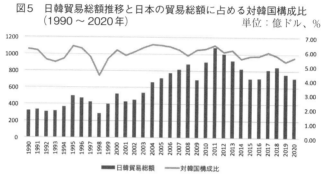

図5　日韓貿易総額推移と日本の貿易総額に占める対韓国構成比
　　　（1990〜2020年）　　　　　　　　　　　　単位：億ドル、%

出所：日本貿易振興機構、韓国国際貿易協会の資料をもとに筆者作成

図6　韓日貿易総額推移と韓国の貿易総額に占める対日本構成比
　　　（1990〜2020年）　　　　　　　　　　　　単位：億ドル、%

出所：日本貿易振興機構、韓国国際貿易協会の資料をもとに筆者作成

　一方、1990年と2020年における韓国の貿易総額に占める日本の割合は、
それぞれ23.89%から7.27%に低下した。これは、韓国の対外貿易に占める日
本の地位が低下し、中国が韓国の重要な貿易相手国になったことによる。
　今世紀に入って、中韓両国の相互依存度が年々上昇していることは、両国

の経済貿易関係が日増しに緊密になっていることを物語っている。韓国の対中依存度は、中国の対韓依存度よりもはるかに高く、よって、中国の対韓影響力は韓国の対中影響力よりも大きいと言える。2001 〜 2005年は中韓貿易の発展が加速する時期であり、中韓貿易額が中国の貿易総額に占める割合は2001年の7.04%から2005年には7.87%に、また、韓国の貿易総額に占める中国の割合は12.31%から20.51%に急増した。2006年以降も、中韓の貿易はほぼ安定的に発展しているが、中国の貿易パートナーが多角化するにつれて、中国の貿易総額に占める韓国の割合は2000年代初めに比べ減少傾向を示している。

　一方、韓国の貿易総額に占める中国の割合は、変動しつつも上昇している。これは韓国の対外貿易や経済発展が中国経済の力強い成長に依存を強めていることを示している（図7、図8を参照）。

図7　中韓貿易総額推移と中国の貿易総額に占める対韓国構成比
（2001 〜 2020年）　　　　　　　　　　単位：億ドル、%

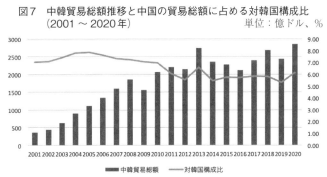

出所：中華人民共和国商務部、韓国国際貿易協会の資料をもとに筆者作成

図8　韓国の貿易総額に占める対中国構成比
（2001 〜 2020年）　　　　　　　　　　単位：億ドル、%

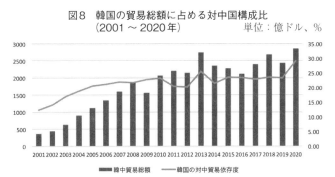

出所：中華人民共和国商務部、韓国国際貿易協会の資料をもとに筆者作成

2-3　三国相互の貿易相補性指数（RCA）分析

　図9からもわかるように、日本や韓国の漁業や繊維産業の競争力は、中国に比べて弱い。2015年時点で、中国、日本、韓国の漁業RCA指数[1]はそれぞれ1.6、0.38、0.68、繊維産業のRCA指数はそれぞれ3.46、0.23、0.74であった。日本や韓国に比べて、中国の産業競争力が最も弱いのが自動車産業である。2015年の中国の自動車産業のRCA指数は0.31であったが、日本は3.20、韓国は2.10と、中国が相対的に劣位にある。

　中日韓三国は、それぞれの産業で比較優位と比較劣位を持っている。中国は工業化を実現している発展途上国であり、世界一の人口を有していることから、労働力は構造的過剰にあり、労働集約型産業を主体とした製造業が発達している。日本は工業が高度に近代化された国であり、資本集約的でハイテク産業が発達し、第3次産業の割合は最も高く、第1次産業は最も低い。韓国は日本に近い新工業国で、技術集約型産業やIT産業が発達し、第3次産業、第2次産業が中心となっている。このような産業構造の違いは、各国間に大きな相互需要をもたらし、産業部門間の国際分業を形成しやすい。自由貿易は自国の優位性を発揮するだけでなく、垂直分業から水平分業への移行をもたらす。

図9　2015年の中日韓産業競争力RCA指数比較

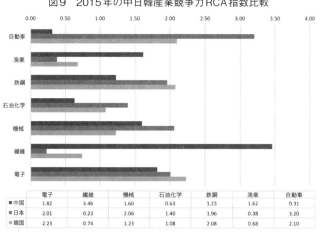

	電子	繊維	機械	石油化学	鉄鋼	漁業	自動車
■中国	1.82	3.46	1.60	0.63	1.23	1.62	0.31
■日本	2.01	0.23	2.06	1.40	1.96	0.38	3.20
■韓国	2.23	0.74	1.23	1.08	2.08	0.68	2.10

■中国　■日本　■韓国

出所：国連統計局のデータベース（UNCOMTRADE）のデータをもとに筆者作成

2-4　RCEPにおける北東アジア貿易への影響

　米国のピーターソン国際経済研究所の推計によると、2030年までにRCEPは加盟国の輸出が5,190億ドル、国民所得は1,860億ドルの増加が見込まれる。RCEPの巨大な市場の潜在力は、この地域と世界経済の成長の強力な原動力となる。

　RCEPの締結で、中国が対外的に締結したFTAは19件[2]となり、自由貿易パートナーは26カ国になった。発効後、自由貿易パートナーとの貿易額の割合は現在の27％から35％前後に増加し、外国貿易の3分の1以上の関税はゼロとなる[3]。中国は新たに日本という重要な自由貿易パートナーを得て、世界トップ10の経済大国と自由貿易関係を構築する重大な突破口を開いた。これにより、自由貿易ネットワークの価値を大幅に向上させることができる。RCEPはまた、中国がFTAを実質的に推進し、更に環太平洋パートナーシップに関する包括的および先進的な協定（CPTPP）に積極的に参加すれば、より高いレベルのFTAを実現するための良好な基礎となる。

　また、RCEPはCPTPPとは異なり、「ツーツーバリュー」の関税交渉モデルを採用している。ツーツーバリューとは、メンバーの一人が、他のメンバーと個別に交渉を行い、最終的に譲許をする方式である。このような交渉パターンは、最終的な協定の結果に反映されて、ある国が他の締約国に対してそれぞれ異なる関税削減表を採択し、同じ製品を輸入する国によって関税が異なる場合がある。

　RCEPを研究する専門学者は、RCEPで採用された「ツーツーバリュー」モデルは、当事国間の異なる社会、経済産業発展水準をより十分に考慮し、一つの関税率をすべての国家に適用するのではなく、さらなる開放と包括性を可能にする実務的なやり方であると指摘している。これはRCEPが世界最大規模を有するFTAであると言われる所以であろう[4]。

三、　三国それぞれの農産物貿易問題と解決策

3-1　中国の農産物貿易問題

　2014年から国際市場における農産物は供給が逼迫し、需給不均衡が生じた。国際価格の上昇圧力が強まり、中国の農産物輸出入の環境は芳しくない。全体的に中国の農産物の輸出入には主に次のような特徴があった。まず、農産物の輸出入貿易規模が増大し、全体的に貿易赤字となり、その差が次第に拡大していった。具体的には、2010年以降、主要農産物である小麦やトウ

モロコシは再び輸入が拡大している。また、1990年代以降、飼料用、食料油原料用途として、大豆などの輸入が急増している（**図10**、**図11**、**図12**を参照）。一方、比較優位性のある農産物輸出の割合が増え、国内価格と国際価格の差が縮まっている。2000年の農産物輸出額は176億ドル、2019年の輸出額713億ドルと、輸出額は約3倍に拡大した。また、2000年の農産物輸入額は242億ドルだったが、2019年には1,934億ドルとなり、農産物の輸入額も約8倍と急拡大している（**図13**を参照）。

　一方、中国は、農業を犠牲にして工業に構造転換するという発展段階を経験してきたが、この過程で肥料や農薬、飼料などを大量に投入したことで、農地の破壊、地下水の汚染や生物種の減少、資源の不足などの生態環境問題とともに、中国の農産物の品質の安全が深刻に脅かされ、中国農産物の国際市場での競争力が弱まった。[5]これらは近年農業の持続可能性が注目される中で、深刻な問題となっている。

図10　中国の小麦輸出入額推移（1980 〜 2020年）　単位：百万ドル

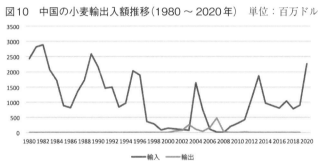

出所：国際連合食糧農業機関統計データベース（FAO STAT）より筆者作成

図11　トウモロコシ輸出入推移（1980 〜 2020年）　単位：百万ドル

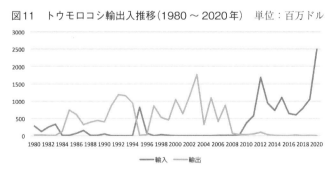

出所：国際連合食糧農業機関統計データベース（FAO STAT）より筆者作成

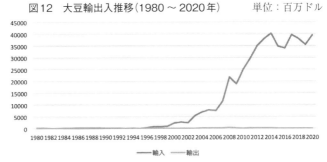

図12　大豆輸出入推移（1980 ～ 2020 年）　　単位：百万ドル

出所：国際連合食糧農業機関統計データベース（FAO STAT）より筆者作成

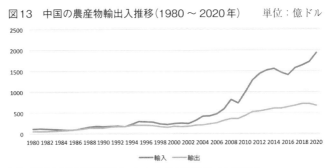

図13　中国の農産物輸出入推移（1980 ～ 2020 年）　　単位：億ドル

出所：国際連合食糧農業機関統計データベース（FAO STAT）より筆者作成

3-2　日本の農産物貿易問題

　人口密度が高く山地の多い日本は、農業生産の集約化が進んでいるものの、農産物の対外依存度が非常に高い。コメだけは、厳しい貿易障壁と政府の高額な補助金の下で自給自足している。そのほかの農産物は国内で作付面積が縮小し、自給率が低下して輸入に頼っている。統計によると、2019年度時点の日本の食料自給率はわずか38％（カロリーベース）に過ぎない。農産物の輸入範囲は広く、穀物（小麦、トウモロコシ、大豆）、肉類、乳製品、果物及び野菜、動植物油、砂糖、茶などが主な輸入品目である。日本の農産物輸入額は2020年時点で580億ドルに達し、農産物輸入大国であるが、対外依存度が非常に高い割には、厳しい貿易障壁という問題が深刻になってきている。

3-3　韓国の農産物貿易問題

　韓国政府も、農産物に対して厳しい貿易保護政策と貿易支援政策を講じている。韓国では農業は特殊な地位にあり、農業の発展を保護・奨励するために、農業部門は政府から大きな支援を与えられるとともに、政府は市場価格より高い価格で買い付けるなど、農産物の対外貿易に障壁を設けている。これらの措置は韓国の農民の所得を大幅に増加させたが、農業の工業およびサービス業への転換は止められず、多くの農村従事者が依然として都市に進出し、韓国の工業化と都市化を加速させている。

3-4　三国の問題の合理的解決のためのシナリオ
⑴EUの解決策「共同農業政策」

　1960年代の初め、農業生産水準が低く、食料自給ができない欧州経済共同体（EEC）六カ国は、農産物の品質と自給率を向上させるために、共通農業政策（CAP）を打ち出した。価格介入や補助金の強化を通じ、農業増産志向のCAPの下で、農民は化学肥料や農薬の使用量を増やし、自然資源を浪費し、汚染問題が顕在化した。大幅な価格介入は国の財政負担を増やし、同時に食糧の急速な増産が深刻な農産物の構造的過剰をもたらした。そこで農産物の過剰生産、農業補助金の大幅な増加、生態系の破壊などの問題の緩和、農業の生態系の保護を目的に、CAPの改革がスタートした。直接支払手段によって農産品価格の下落による予想損失を補償したり、休耕、輪作などで農産物の生産高の急激な上昇を抑制し、生態環境の保護に乗り出した。政策面でも、従来の市場支持価格から、政府による直接手当支給に転換することで、価格と市場歪曲による効果を軽減し、予算原価を抑えた。それによって農産物市場価格が下がり、消費者の利益を向上させ、更に地域の農産物の国際競争力を高めることに繋がった。

　中国の農業発展においても、農薬、肥料、飼料などの大量使用によって農業生産量が大幅に増加する反面、環境悪化や農産物の国際競争力の低下などの問題をもたらした。中国もこのCAPの経験を参考にして、農業生態補償メカニズムを改善し、農業の持続可能な発展を推進し、環境を保護することが望ましい。農業開発政策を策定する際には、農業所得補助金のうち「グリーン補助金」の割合を段階的に高め、生態補償メカニズムを用いて農民をエコ農業経営に従事させ、環境汚染を軽減し、伝統的農業からエコ農業への移行を推進する必要がある。[6]現在中国では「退耕還草（耕作をやめて草原に戻す）」、「糧食直補（直接食糧を補給する）」などの分野で農業生態補償の試験

的モデルを展開し、一定の効果が生まれているが、そのメカニズムはまだ整っていない。

(2)品質管理基準の統一化

　現在、非関税障壁は新保護貿易主義の主要な手段となっている。それゆえ、非関税障壁の撤廃は、各国のFTA交渉での重要なポイントであり、貿易自由化の重要な目標となっている。中日韓三国の間には、ライセンス要件、技術的な貿易障壁、原産地規則、税関手続きなど、さまざまな非関税障壁が存在する。国連貿易開発会議（UNCTAD、1994年）の研究報告によると、通関に関連するさまざまな手続きにかかるコストは、貿易総額の7％～10％に相当する。これをうまく調整できれば、コストは25％減少し、貿易総額の1.75％～2.50％に相当する利益が創出できるとしている。[7]

　非関税障壁に対処するためには、統一的な品質管理システムを構築することが不可欠である。たとえば、検疫制度の統一である。病虫害による被害のリスクを考慮に入れると、中日韓の協定や統一ルールが必要である。その他にも、農作物の品種保護など、統一ルールが必要な分野もある。例えば、一国で果樹、野菜、花卉などの新品種を開発して育成しても、これらの種子が海外に持ち出され、無断栽培される被害が続出している。こうした事態を防ぐために、知的財産権を保護するための共通ルールを設ける必要がある。結果として中日韓において、新品種の開発が誘発され、研究開発投資も活発になるだろう。

(3)農産物差別化戦略

　農産物の差別化戦略は、各国の農産物経営者に競争意識の転換や創造的思考の育成、マーケティングの差別化戦略の模索・実施を求めている。それは農産物のマーケティングプロセスの違いを追求し、同質的な市場を多様性のある市場に変える。農産物事業者は値引き競争をする必要がなくなるだけでなく、マーケティングの結果を利用して価格を調整することで差別化を図り、農産物のマーケティング効果を高めることができる。

　また、差別化戦略は、異なる消費者のニーズや嗜好を満たすことができる。国民経済の急速な成長と所得水準の普遍的な向上は、多くの消費者にとって衣食が足りることのみに満足するだけでなく、生活様式の多様性と個性化を追求し、製品やサービスは消費ニーズを満たす方法を通じて、より個性的な特徴を追求することを求める。

　同時に、農産物の競争モデルの転換にも役立つだろう。各国の農産物市場は近年急速に発展しているが、製品の品目が単調で、経営パターンが同一であり、市場の情報がうまく反映されないという状況は根本的に改善されていない。価格競争は依然として主要な競争手段であり、増産しても増収に繋がらない現象はしばしば見られ、農業生産の安定と農民所得の向上に直接影響を与えている。農産物の差別化戦略は、農産物の競争モデルを単純な価格競争から非価格競争への転換を促し、農産物の経営者が製品の品質改善、品種のグレードアップ、マーケティングプロセスの革新などの非価格競争手段を通じた販売拡大に役立つだろう。

⑷関税譲許問題の処理

　アメリカの経済学者ジェイコブ・ヴァイナーの観点によると、加盟国間の関税障壁が高い場合、FTAの設立がもたらす輸入商品価格の下落幅は大きく、貿易創出効果がある。加盟国とその他の国の関税障壁が低い場合、FTA貿易転換効果をもたらす可能性は低いという。WTOの統計によると、2020年の単純平均最恵国関税率は中国が7.5%、韓国が13.6%で、日本の4.4%を大きく上回っている（図14を参照）。この三国がFTAを設立すれば、圧倒的多数の製品の関税は大幅に引き下げられるか、或いは撤廃される。関税引き下げは中日韓三国間の貿易を急速に拡大させ、大きな利益をもたらす。具体的には、農産物では日韓の関税が高く、日本は15.8%であるのに対し、韓国は56.8%と更に高くなっており、関税の大幅な削減余地により、日韓は中国から大量の農産物を輸入し、従来の国産品の高コスト生産を代替できる可能性がある。また、関税削減による農産物価格の下落で消費が増え、貿易の成長を牽引し、FTAが成立する前にはなかった新たな貿易が創出されると見込まれ、貿易創出効果が期待されている。中日韓FTAは16億人の消費者、22兆ドル以上のGDP、世界で最も人口の多い地域経済統合であり、その消費規模は巨大である。貿易の優位性が相対的に低く敏感な農業部門が、FTAで大きな打撃を受けるという懸念を払拭することはできないが、関税障壁や非関税障壁がある状態は消費者利益に対してマイナスである。協力と競争は往々にして同時に存在するが、相互信頼、情報対称性の追求、取引コストの削減こそが、貿易の拡大効果を高めより多くの利益を生み出すことができるだろう。

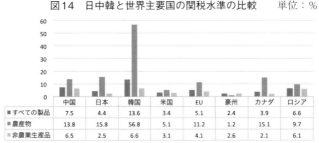

図14　日中韓と世界主要国の関税水準の比較　　単位：％

	中国	日本	韓国	米国	EU	豪州	カナダ	ロシア
■ すべての製品	7.5	4.4	13.6	3.4	5.1	2.4	3.9	6.6
■ 農産物	13.8	15.8	56.8	5.1	11.2	1.2	15.1	9.7
■ 非農業生産品	6.5	2.5	6.6	3.1	4.1	2.6	2.1	6.1

注：表中のデータは2020年の単純平均最恵国関税率
出所：WTO Tariff Profiles 2020より筆者作成

おわりに

　本論では中日韓FTA実現の可能性を明らかにした。第一に、中日韓は良好な協力基盤を有している。第二に、貿易の相互補完性の高さを基礎として、相互の輸出入の増加を促進し、三国の貿易と生産構造を変えることができる。最も困難な農業貿易問題は、各国の積極的な交流によって協力できる余地があり、それぞれの農業問題の解決に光を当てるだろう。三国の歴史問題や戦略、主導権争いなどを考慮すれば、交渉には長い時間が必要であるが、RCEPの設立が中日韓FTAの設立に自信とより多くの可能性をもたらした。

　RCEPは発効したばかりであり、北東アジア域内の貿易への影響は今のところ定性的にしか分析できず、実行段階でもたらされるであろう地政学的な問題も世界情勢の影響を強く受けるため、正確に予測することはまだ難しい状況にあるが、総じて期待は大きい。

参考文献

張建平「中日韓自由貿易区を建設するための農産物問題」、『韓中日自由貿易区の直面する挑戦』、社会科学文献出版社、2013年

「中日韓FTAの可能性と展望に関する連合報告と政策提言」、中日韓連合研究チーム、2008年

本間正義「日中韓FTAが解決すべき農業問題」、『韓中日自由貿易区の直面する挑戦』、社会科学文献出版社、2013年

趙晋平「制度的経済協力への一アプローチ日本のFTA戦略の若干の評価と多案比較選択」、『国際貿易』2003年第8号

劉昌黎「日韓自由貿易区が中国に与える影響と対策」、『世界経済』2001年第11号。李明権、韓春花、金興起『中日韓の農産物貿易関係及び三国の自由貿易地域の設立に及ぼす影響』、『経済縦横』2010年第4号

曽寅初「中日韓農産物市場における貿易協力のモデル選択」（下）、『中国市場』2009年第43号

［韓］金世元等『東アジア自由貿易圏の成功条件制度的アプローチ』、韓国対外経済政策研究院、2006年

［韓］于明根等『日中韓FTAに基づく農業構造の分析』、韓国農村経済研究院、2003年

［韓］于明根、［韓］崔世均等『北東アジアの農業構造と地域内の農産物貿易構造』、韓国農村経済研究院、2003年

［韓］崔世均、［韓］許周寧など「韓日FTAにおける農業部門の協力戦略構築に関する研究」、2004年

［韓］崔世均、［韓］申佑善「東アジアFTAに基づく農業部門の研究」、韓国農村経済研究院、2008年

1　RCA（Revealed Comparative Advantage : 顕示比較優位）指数は、比較優位の観点からその国のある財が世界の平均以上に輸出しているかいないかを判断する方法で、全工業品の輸出入比率と当該産業の輸出入比率との関係から算出する。

2　「中国網日本語版（チャイナネット）」2022年1月8日

3　出典：何詩霏、『国際商報』2021年1月20日

4　裴昱、「より開放的な中国にとってRCEPだけではまだ不十分である」『中国経営報』北京報道2020年12月14日。

5　叶興慶、農業をグリーン発展の道に進ませる、『中国経済時報』,2015年6月1日

6　曾哲、「EU共通農業政策の枠組みの下でのドイツ農業の生態補償政策と示唆」『遼寧大学学報』、2020年

7　「中国アセアンが緊密に協力し、双方に巨大なビジネスチャンスをもたらす」 http://www.mofcom.gov.cn/aarticle/cx/200503/20050300027383.html

8　黄維梁：農産物差別化マーケティングの意義とその戦略に関する検討、『中国農村経済』、2000年

日本の新聞における「一帯一路」報道
～朝日・日経・産経三紙の対中報道姿勢の分析～

北京大学燕京学堂修士2年

及川純

はじめに

　日本のマスメディアの対中報道姿勢については多くの研究がなされてきた。その中で、日本の中国報道の画一化やステレオタイプ化を指摘する研究が近年増えている。しかし、「日本の新聞における中国報道は画一的か」という問いについて、これまで量的内容分析（quantitative content analysis）の手法を用いて新聞報道の比較研究を試みた研究はほとんどない。また、軍事や人権問題など、そもそも報道姿勢が画一化しやすいトピックを扱った研究が多い一方で、日本国内において未だに評価が定まっていない「一帯一路」に関する新聞報道に注目する研究はほとんど行われてこなかった。

　本論文では、朝日・日経・産経三紙による「一帯一路」報道を、量的内容分析の手法を用いて、比較分析を行う。論文の目的は、日本の新聞三紙における報道の内容分析と比較を通して、対中報道姿勢の類似点や相違点を明らかにすることである。

　本論の構成は以下の通りである。第一章では、先行研究を検討した上で、仮説を立てる。第二章では、データと方法論について述べる。第三章では、結果と考察を述べる。第四章では、提言を含めて、日中関係について述べる。

一、先行研究と仮説

　この章の目的は、先行研究を検討した上で、朝日・日経・産経三紙による「一帯一路」報道に関する画一性についての仮説を立てることである。第一節では、日本のマスメディアの対中姿勢について先行研究を検討し、第二節

では、日本の新聞の「一帯一路」報道に関する先行研究に焦点を当てる。これらを踏まえて、第三節において仮説を設定する。

1-1　日本の新聞における中国報道

　日本の新聞の対中報道姿勢の評価に関しては、専門家の間でもほとんど意見の一致がなく、二つの対立する理論がある。

　一方では、数多くの学者が、国内報道に関しては論調が分かれていることが多い新聞各紙が、中国報道のことになると、「画一的」になっているという指摘をしている[2]。例えば、魯（2017）は、朝日と読売に関して「二紙の中国に対する論調の差が縮小する傾向［があり］……中国社会に関する議論の多様性に欠けている」と指摘する[3]。また、高井潔司（2016）のように、日本の対中報道が天安門事件以来「『普遍的価値』の立場から中国を批判する報道［フレーム］が主流と」なったと主張する学者は少なくない[4]。他にも、中国人研究者の先行研究を整理した陳（2015）は、読売・朝日・毎日の中国報道に「差異がないと指摘」する馬新明（2010）の論文などを紹介している[5]。

　他方では、そうした見方に疑問を呈する研究者もいる。例えば、朝日・毎日・読売3紙の社説（計2,336件）の内容分析を行なった信太et al.（2009）は、「日中関係について重要視する問題」と「社説の姿勢」が新聞各社によって異なることを明らかにした[6]。例えば、読売は中国への批判が多く、提言と状況紹介が多い「保守的な姿勢」であるのに対して、「朝日新聞」と「毎日新聞」は日本を主な批判の対象としており、批判と提言が多い「市民主義的な姿勢」をとっている[7]。信太et al.によれば、新聞ジャーナリズムには、朝日などの「市民主義」的立場、読売などの「保守主義」的立場、そして日経という「保守主義」寄りではあるものの、「経済合理性」を重視する立場、という「三極構造」がある[8]。そして、各紙の「イデオロギー的基本構図」によって、対中報道姿勢は異なる[9]。

　上記のような、日本の新聞の対中報道姿勢に関する先行研究には、2つの課題点がある。一つ目は、研究手法である。既存研究の研究手法は、社説の「フレーム分析」と「内容分析」が主である。社説は、各紙の論調が現れやすいため、分析の対象となることが多いが、「社説の主張と報道記事の関係性」は自明ではない[10]。例えば、「事象を客観的に伝える報道と、事象を主観的またはある価値観をもって論じる社説は互いに独立して存在すると見るのが妥当」という主張も存在する[11]。また、後述のように、海外では、社説ベースではなく、記事ベースで、コンピュータを用いた新聞記事の量的内容分析

を試みた論文がほとんどである。二つ目は、扱う記事のテーマである。日本の対中報道姿勢の画一性を指摘する先行研究の多くは、軍事や人権など、報道姿勢が画一化しやすいテーマを事例研究の対象としており、一般化可能性（外的妥当性）について疑問の余地がある。

1-2　日本の新聞による「一帯一路」報道

　本節では、日本の新聞における一帯一路報道に注目した先行研究を分析し、その意義と課題を明らかにする。一帯一路の変遷と問題点については、すでに多くの先行研究があり、ここでは深入りしない。

　一帯一路の報道に注目した研究は多数あるものの、日本の報道を対象とした研究は少ない。本節では二つの既存研究を取り上げる。まず、Herrero & Xu（2015）は、ビッグデータを用い、日本を含めた130カ国における一帯一路の論調を分析している[12]。HerreroとXuによれば、日本における論調は好意的であるものの、他国と比べた場合、突出して高くはない（130カ国中78位）[13]。次に、Yang & Gorp（2021）は、日本を含めた6カ国における一帯一路の「新聞報道」と各国の「行政機関による公式報道」の両方について、フレーム分析と内容分析を行なった[14]。彼らによれば、日本において、新聞報道と公式報道の報道姿勢には乖離がある。一方では、日本の新聞報道（対象はJapan News、Japan Time及びNikkei Asia Reviewの計249記事）は、一帯一路を「策略（ploy）」、「ゼロサムゲーム（zero-sum game）」および「揺れのひどい旅（bumpy ride）」などのフレームに落とし込む傾向がある[15]。他方では、日本の外務省と防衛省による公式報道は、2017年になるまで明白な見解を表明せず、以来「条件付きのイエス（qualified yes）」という態度に終始している[16]。これに関連して、伊藤（2019）による内容分析も、Yang & Gorpの主張を裏付けているようにみえる[17]。伊藤は、国会の委員会における「一帯一路」議論の内容分析を行い、日本政府のスタンスが2017年から「条件付きの関与（conditional engagement）」に変わったと主張する。

　以上の二つの英語論文は、日本の新聞記事を計量的に分析しているという点で画期的である。また、上述のように、日本の行政機関が一帯一路については（少なくとも対外的には）明確に肯定的もしくは否定的態度を表明していない。そのため、一帯一路は日本の対中報道姿勢の事例研究の対象として妥当である。その一方で、先行研究には問題点や限界もある。例えば、Yang & Gorpは、英字新聞のみを研究の対象としており、各紙の比較分析を行なっていない。また、報道フレームを明らかにしているものの、記事の

性格（批判、提言、状況紹介）を明らかにしていない。

1-3　仮説

　本節では、以上の先行研究を参考に、仮説を設定する。仮説の設定は、仮説演繹法によるものが主である。[18] すなわち、リサーチ・クエスチョンと仮説は、理論に基づいて設定すべきである。第一節では、日本語論文の先行研究を整理し、二つの理論的立場を明らかにした。本節では、この二つの理論に基づき、二つの仮説を設定する。

　［第一の仮説］各紙の報道姿勢は、それぞれのイデオロギー的立場に左右される。保守主義的立場をとる新聞が最も「一帯一路」に批判的である一方で、市民主義的立場をとる新聞はそこまで批判的ではない。

　［第二の仮説］各紙は、イデオロギー的立場に関わらず、似たような報道フレーム（例：普遍的価値フレーム）の元で中国を報道する傾向がある。そのため、各紙の報道姿勢や報道意識は、画一的である。

　ここでは便宜的に第一仮説を「イデオロギー的立場論」と呼び、第二仮説を「普遍的価値フレーム論」と呼ぶ。

二、データと方法論

　本章においては、上記二つの仮説を検証するためのデータ収集の方法と調査手法を提示する。

2-1　調査対象

　調査対象は、朝日新聞・日本経済新聞・産経新聞三紙の新聞記事で見出しに「一帯一路」という語を含み、かつ実際に一帯一路について扱っている記事とした。朝日・日経・産経は、それぞれ「市民主義的立場」、「経済合理性を重視する立場」、「保守的立場」を代表する全国紙であり、上記の仮説を検証するために適切な三紙であるため、本論の対象とした。

　調査対象期間は 2015 年 1 月 1 日から 2020 年 12 月 31 日までの 6 年間。聞蔵 II ビジュアル（朝日新聞データベース）、日経テレコン（日本経済新聞データベース）、産経電子版（産経新聞データベース）それぞれで対象期間を限定し、見出しに「一帯一路」を含むという条件で検索した。また、産経は東京本社発行の記事のみを検索の対象とし、日経と朝日は対象紙誌を全国紙・

本紙に限定した（専門紙・地域面を除外）。その結果、調査対象記事は計469件となった（朝日70件、日経256件、産経143件）。

2-2　調査手法

KH Coderという計量テキスト分析・テキストマイニングのためのツールを用いて、新聞記事の量的内容分析（quantitative content analysis）を行なった。

分析に際しては、樋口（2021）の『社会調査のための計量テキスト分析』、末吉（2019）の『テキストマイニング入門』、及びKimberly A. Neuendorf（2017）の『The Content Analysis Guidebook』の三冊を参考にした。

本論における分析方法は三つに分けられる。まず、[3-1] では、三紙における頻出語（テキスト中に出現した回数が高い語）を概観した上で、「対応分析」を行い、各紙に特徴的な語を明らかにする。次に、[3-2] では、各紙の記事において関連が特に強かった語を図式化した「共起ネットワーク」を比較分析する。最後に、[3-3] では、「一帯一路」という単語が使われた文の論調（肯定的・否定的・その他）の割合を述べ、三紙における論調を比較する。[3-3] の方法論の詳細については、当該節において述べる。

上記の分析をするにあたって、テキストの前処理を行う必要があった。例えば、データクレンジングを実施し、データの中から明らかに不要なものを除去した。また、KH Coderのプラグインで表記揺れの吸収を行った（例：「債務のわな」と「債務のワナ」の表記を統合）。他にも、KH Coderによる自動抽出ではうまく1つの語として抽出されない単語（例：一帯一路）を抽出するために、強制抽出する語としない語を指定した。その結果、総抽出語数は253,660語（朝日39,108語、日経135,208語、産経79,344語）となった。

方法の再現可能性を担保するために、本論の研究データ（根拠データ）は、研究者より照会があれば、提供する。

三、結果と考察

3-1　各紙の頻出語と特徴語

朝日の対象記事70件における頻出語（最頻出20語）を、下記**表1**に記載した。紙面の都合上、三紙すべての頻出語の図を載せることはしない。

表1　朝日の頻出語（最頻出20語）

#	抽出語	頻　度	#	抽出語	頻　度
1	中国	661	11	月	92
2	一帯一路	292	12	会議	91
3	経済	149	13	国際	85
4	協力	136	14	企業	80
5	日本	130	15	関係	79
6	首相	103	16	首脳	76
7	構想	102	17	政府	74
8	年	102	18	国家	70
9	習	101	19	投資	69
10	欧州	98	20	米国	61

出所：筆者作成

　ここでは、三紙における頻出語の相違点・類似点について、特筆すべき点を三つ挙げる。一点目は、三紙全てにおける「年」と「月」の使用頻度の高さである。三紙において両者は最頻出11位以内に入っており、新聞が日時情報（事実）の報道に重点を置いていることが分かる。

　二点目としては、日経と産経において、批判的な含意がある語が多く登場している。日経においては、「パキスタン」、「インド」、「問題」、「債務」、「港湾」が頻出語であり、産経においては、「インド」、「戦略」、「問題」、「パキスタン」、「債務」、「指摘」が頻出語である（全て最頻出50位以内）。他にも、「債務」と「債務のわな」という語を、朝日はあまり使用していないが（それぞれ13回と6回）、日経と産経は多用している（日経はそれぞれ130回と38回、産経はそれぞれ81回と23回）。

　三点目として、一帯一路の文脈において、各紙が注目している国・地域は完全に同じではない。朝日においては中国、日本、欧州、米国という語が頻出（それぞれ1位、5位、10位、20位）する一方で、産経においては中国、日本、米国、インドという語が頻出（それぞれ1位、3位、14位、19位）するなど、頻出の度合いは各紙で異なる。特に、「インド」と「パキスタン」の両語は、日経と産経両紙において最頻出40位以内に入っているが、朝日においては80位以下である。また、興味深いことに、一帯一路の主要ターゲットであるはずの「アフリカ」に関して、三紙は多く言及していない（日経54位、朝日57位、産経60位）。

　次に、各紙の特徴語（上位10語）を抽出した。結果は以下の通りである。また、併せて、抽出語を用いた対応分析を行なった。対応分析の結果は、紙面上の都合から、付録に**図4**として記載した。

表2　各紙の特徴語（上位10語）

朝　日		日　経		産　経	
抽出語	Jaccard係数	抽出語	Jaccard係数	抽出語	Jaccard係数
中国	0.164	中国	0.34	国際	0.09
経済	0.099	一帯一路	0.267	習	0.073
協力	0.094	経済	0.151	建設	0.071
習	0.094	構想	0.145	政権	0.07
欧州	0.083	年	0.133	戦略	0.057
首相	0.076	日本	0.128	参加	0.056
会議	0.073	インフラ	0.124	問題	0.056
国家	0.065	協力	0.119	影響	0.054
首脳	0.063	企業	0.118	計画	0.052
首席	0.062	月	0.117	支援	0.052

出所：筆者作成

　上の**表2**において、「どの程度「語A」が「X紙」に特徴的なのか」を計算するJaccard係数の式は、（「X紙」でなおかつ「語Aを含む」文書の数）÷（「X紙」か「語Aを含む」のどちらか一方でも当てはまる文書の数）である。本研究のデータにおいては、日経の記事（と語数）の割合が高いため、日経の特徴語（例：一帯一路）のJaccard係数が高くなっている。そのため、特徴語の**表2**と対応分析の**図4**の両者を総合して、三紙の特徴について分析を行なう必要がある。

　最初に、朝日新聞は、二つの特色がある。第一に、国・地域という点では、「欧州」における一帯一路の変遷に注目する傾向がある。第二に、「日中」、「首脳」、「会議」、「協力」などの特徴語から分かるように、朝日による一帯一路報道の背景には、日中関係の現状に対する問題意識がベースにあることが多い。次に、日経は、三紙の中でも、「経済」に重きを置いているという特徴がある。「経済」は朝日と産経において頻出語ではあるものの、日経においては、「経済」だけではなく、「経済圏」、「投資」、「貿易」、「事業」、「インフラ」、及び「資金」などの様々な特徴語が最頻出50位以内にも入っている。最後に、産経については、「問題」や「指摘」などの、批判的な特徴語が目立つ。

3-2　各紙の「共起ネットワーク」の比較分析

　三紙の「共起ネットワーク」の図も、上節で述べた各紙の特色を裏付けている。紙面の都合上、朝日新聞の「共起ネットワーク」のみを下記に示す。

図1　朝日新聞の共起ネットワーク

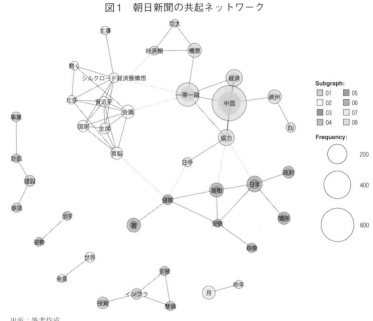

出所：筆者作成

　共起ネットワークとは、同じ文書内において「出現パターンの似通った語」（つまり、「共起の程度が強い語」）を結び、図式化したものである。[19]例えば、上図においては、「一帯一路」と「経済」の二語に共起関係がある。また、出現パターンが似た語のクラスターから、研究データ中に多く登場したトピックを読み取ることが可能である。[20]

　上の図1は、段落を集計単位として、朝日の共起ネットワークを描いたものである。主に、三つのトピックを見出せる。まず、習近平・会議・首脳・北京などの単語の関係から、「首脳レベルの会議」に対する関心の高さが分かる。次に、日中・協力・一帯一路や、日本・首相・会談などの共起関係から、「一帯一路構想と日中協力」というトピックを見出せる。最後に、一帯一路・中国・欧州・EUという語の関係から、「欧州における一帯一路」というトピックの存在を読み取れる。

　紙面上の都合から、日経と産経の共起ネットワークの図を載せることはしない。ここでは、主に三点について述べる。第一に、三紙すべてにおいて、「首脳レベルの会議」がトピックとしてある。第二に、日経においては、一帯一路・経済・インフラ・投資・整備の語の関係から、「インフラへの投資」というトピックを読み取れる。第三に、産経においては、安倍・首相・訪中・会議・習の共起関係から、「安倍首相の動向」に対する関心の高さが分かる。また、パキスタン・事業・鉄道・建設・インフラなどの語の関係から、「パキスタンにおける一帯一路」というトピックを見出せる。

3-3　「一帯一路」という語が登場する文の論調
　第一章において述べたように、既存研究のほとんどは、各紙の論調が現れやすい「社説」を分析の対象としており、記事単位で、日本の新聞報道の論調（tone）を分析してきた。しかし、各紙においては、「社説」の論調と、「報道」の論調は、独立して存在している可能性がある[21]。そのため、本論では、記事単位ではなく、文単位で論調を分析するという、新しいアプローチを採用した。具体的には、「一帯一路」という語が登場する文の論調を、「肯定的」、「否定的」、「その他」の３つに分類した。例えば、「安倍政権は、もともと一帯一路は経済、安全保障両面で中国が周辺国に影響を強める狙いがあるとみて警戒していた」（「朝日新聞」2017.6.7朝刊）という文は、「否定的」と分類した。

　「一帯一路」という語は、朝日新聞の全70記事において292回使用されており（N=292）、産経新聞の全143記事において643回使用されている（N=643）。標本設計としては、ある年において「一帯一路」の語の使用回数が150回以下の場合、その年における全ての使用回数を標本とした。しかし、150回を超えた場合、系統抽出法を採用し、抽出間隔を3とした。その結果、朝日新聞の標本数は292（n=292）となり、産経新聞の標本数は325（n=325）となった。

　文の論調などを判定する研究の場合、本来であれば、「複数の分析者（コーダー）が同じ作業をして結果の一致度を確認する信頼性検定」[22]を行い、「検者間信頼性（intercoder reliability）」[23]を確保するのが望ましい。しかし、時間的・金銭的制約などから、そのような検定を行うのは現実的ではなかったため、筆者のみが論調の判定を行なった。上記のような限界はあるものの、本研究は、論調判定のパイロットテストを行うなどして、一定の信頼性の確保に努めた。

図2　朝日と産経における文の論調

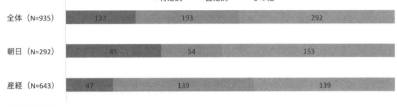

出所：筆者作成

　上の図2において、朝日と産経における肯定・否定・その他の割合を示した。朝日と産経における肯定・否定の割合の違いは、明らかである。朝日においては、肯定とも否定とも取れないケースが過半数を占めており、肯定の割合は否定の割合よりも高い。しかし、産経においては、否定の割合が全体の4割を占めている。

　次に、両紙の論調の推移を分析するために、年単位で分類した。朝日新聞の結果は下の図3に示した。紙面の都合上、産経新聞の結果は付録内に記載した。

図3　朝日における論調の推移

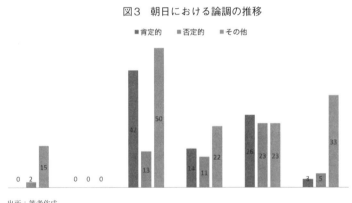

出所：筆者作成

　両紙における論調の推移に傾向を見出すことは難しい。先行研究では、日本政府の姿勢が2017年に転換したとの主張がある。しかし、2017年以前に書かれた新聞記事の数が少ないため、新聞の報道姿勢も同じように転換したのか、という点は検証できなかった。

3-4　分析結果の考察

　本論は、「イデオロギー立場論」と「普遍的価値フレーム論」の両説を検証するために、朝日・日経・産経三紙による「一帯一路」の記事の量的内容分析を行なった。結果として、本研究は、「普遍的価値フレーム論」に対する反証例となった。まず、[3-1] において、各紙の頻出語・特徴語の分析から、各紙の問題意識の差異や、着眼点の相違点を明らかにした。次に、[3-2] では、各紙の共起ネットワークを比較し、着目するトピックの違いについて述べた。最後に、[3-3] において、朝日と産経両紙の論調を比較分析し、両紙における肯定・否定・その他の割合が大きく異なることを示した。この結果は、保守主義的立場をとる産経が最も否定的である一方で、市民主義的立場をとる朝日はそこまで否定的でない、という「第一の仮説」に適合的である。しかし、この結果のみからは、各紙の「イデオロギー的立場」と否定の割合について、因果関係を判断することはできない。そのため、「イデオロギー立場論」の検証に際して、本研究の貢献は限定的であると言わざるを得ない。

四、むすびにかえて

　「日中双方のメディア［による］……報道の『ステレオタイプ化』」が進んでいると指摘されて久しい。[24] 最近では、「第17回東京−北京フォーラム」(2021年) の「メディア分科会」において、日中双方のメディアについて白熱した議論が繰り広げられた。例えば、零点有数デジタル科技集団の袁岳は、「日本のメディアが（政治経済、安全保障などの）『大きな中国』を報じる時は、ネガティブな視点のニュースが多い」という問題を提起した。[25] 上述のように、アカデミアでも、日本の新聞における対中報道姿勢は「画一的」であり、一定の「報道フレーム」のもとで中国を批判する傾向があると指摘する識者が多い。

　しかし、本研究は、新聞三紙の「一帯一路」報道について数多くの相違点を明らかにした。各紙の報道姿勢は、必ずしも批判一辺倒ではなく、問題意識や着眼点も同じではなかった。一帯一路は、未だに評価が定まっていない論題であり、折り合いのつかない争点ではないことが、報道姿勢が多様である一因ではないだろうか。

　コロナ禍によって日中間の人的交流が大きな影響を受ける中で、報道の多様性と客観性を担保するには、どうすればよいのだろうか。ここでは、本研

究の内容を踏まえて、僭越ながら、二つの提言をしたい。一つ目は、中国報道に関しては、「報道」と「論評」の垣根を取り払うことはせずに、社説と報道記事の独立性を堅持することである。二つ目は、より広くの地域に目を向けることである。例えば、日経と産経の両紙は、米国・インド・パキスタンなど、一帯一路が批判を浴びている地域（そもそも、米国とインドは、「一帯一路了解覚書」に調印していない）を重点的に報道しており、アフリカなどの地域における一帯一路の変遷を重視せずにいる。

　日中関係が厳しい現実に直面している中で、新聞社の役割はますます重要になる。「一帯一路」のような中国の新しいイニシアチブは、是々非々で評価すべきだ。

参考文献

Chen, Yang.「日本の新聞における中国報道に関する研究：先行研究の整理と今後の課題」、『東洋大学大学院紀要』52（2015）

Hai Yang and Baldwin Van Gorp「A Frame Analysis of Political-Media Discourse on the Belt and Road Initiative: Evidence from China, Australia, India, Japan, the United Kingdom, and the United States」『Cambridge Review of International Affairs』2021

Herrero, Alicia, and Jianwei Xu「Countries' Perceptions of China's Belt and Road Initiative: A Big Data Analysis」Working Paper. Bruegel, February 2019

Ito, Asei「China's Belt and Road Initiative and Japan's Response: From Non-Participation to Conditional Engagement」『East Asia』36（2019）

Kimberly A. Neuendorf『The Content Analysis Guidebook』2nd ed. California: Sage Publications Ltd., 2017

Lu Zheng「朝日・読売二紙にみられる中国共産党大会に関する報道：ジャンル分析の観点から」『マス・コミュニケーション研究』91（2017）

Xinhui Zhang「日中メディアが伝える中国イメージ：2015年中国軍事パレードをめぐるテレビ番組の報道を例として」『ジャーナリズム＆メディア』10（2015）

信太謙三, 小川祐喜子, 大谷奈緒子, 島崎哲彦「日中関係における日本側の問題意識：朝日新聞・毎日新聞・読売新聞の社説の内容分析から」『東洋大学社会学部紀要』46、no.2（March 2009）

千葉涼「内容分析研究の現状と今後の展望」『マス・コミュニケーション研究』95（2019）

太田原奈都乃「なぜ日本人の中国観は不寛容なのか：朝日新聞の社説分析を通して」『政治学研究』61（2019）

山田賢一「歴史を通して考える日中メディアの課題：日中記者交換協定50年シンポから」『放送研究と調査』65、no.1（January 2015）

樋口耕一「KH Coder3 レファレンス・マニュアル」Reference Manual. Ritsumeikan University, May 2020.

竹川俊一「社説と報道によるフレーミング分析：2001年歴史教科書問題に関する朝日と読売を事例に」『マス・コミュニケーション研究』80（2012）

「隣国であることの摩擦や行き違いを是正するためにも、素直な議論が行われた　～メディア分科会報告～」言論NPO、2021年

高井潔司「低迷する日中関係：メディア報道と国民感情の歪み」『現代中国を知るための44章』明石書店、2016年

付録（Appendix）

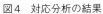
図4　対応分析の結果

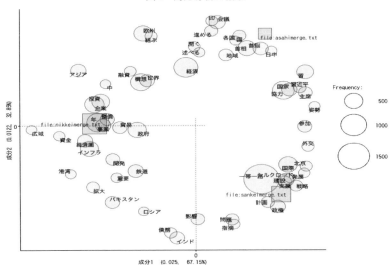

出所：筆者作成

図5　産経における論調の推移

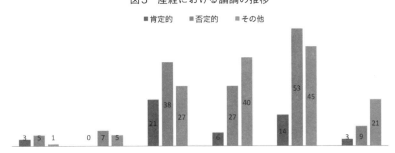

出所：筆者作成

1　Xinhui Zhang「日中メディアが伝える中国イメージ：2015年中国軍事パレードをめぐるテレビ番組の報道を例として」、『ジャーナリズム＆メディア』10（2015）、pp.169-191；太田原奈都乃「なぜ日本人の中国観は不寛容なのか：朝日新聞の社説分析を通して」、『政治学研究』61（2019）、pp.57-88；山田賢一「歴史を通して考える日中メディアの課題：日中記者交換協定50年シンポから」、『放送研究と調査』65、no.1（January 2015）、pp.56-70；Yang Chen「日本の新聞における中国報道に関する研究：先行研究の整理と今後の課題」、『東洋大学大学院紀要52（2015）、pp.1-15；高井潔司「低迷する日中関係：メディア報道と国民感情の歪み」、『現代中国を知るための44章』、明石書店、2016、pp.308-315

2　太田原、p.58

3　Lu Zheng「朝日・読売二紙にみられる中国共産党大会に関する報道：ジャンル分析の観点から」、『マス・コミュニケーション研究』91（2017）、p.97

4　山田、pp.63-65；高井、pp.312-315；Xinhui Zhang、pp.178-183

5　Chen、p.10

6　信太謙三「日中関係における日本側の問題意識：朝日新聞・毎日新聞・読売新聞の社説の内容分析から」、『東洋大学社会学部紀要』46、no.2（March 2009）、pp.20-28

7　信太、p.27

8　信太、pp.27-28

9　信太、p.28

10　竹川俊一「社説と報道によるフレーミング分析：2001年歴史教科書問題に関する朝日と読売を事例に」、『マス・コミュニケーション研究』80（2012）、p.226

11　竹川、p.221

12　Alicia Herrero and Jianwei Xu「Countries' Perceptions of China's Belt and Road Initiative: A Big Data Analysis」Working Paper（Bruegel, February 2019）

13　Herrero and Xu, p.6

14　Hai Yang and Baldwin Van Gorp,「A Frame Analysis of Political-Media Discourse on the Belt and Road Initiative: Evidence from China, Australia, India, Japan, the United Kingdom, and the United States」、『Cambridge Review of International Affairs』2021, pp.1-27

15　Hai Yang and Baldwin Van Gorp, p.15

16　Hai Yang and Baldwin Van Gorp, pp.14-15

17　Asei Ito「China's Belt and Road Initiative and Japan's Response: From Non-Participation to Conditional Engagement」、『East Asia』36（2019）pp.115-128

18　Kimberly A. Neuendorf『The Content Analysis Guidebook』2nd ed.（California: Sage Publications Ltd., 2017）, p.139

19　樋口耕一「KH Coder3 レファレンス・マニュアル」、Reference Manual（Ritsumeikan University, May 2020）, pp.70-77

20　樋口、p.70

21　竹川、p.221

22　千葉涼「内容分析研究の現状と今後の展望」、『マス・コミュニケーション研究』95（2019）、p.30

23　Kimberly A. Neuendorf, The Content Analysis Guidebook, p.235

24　山田、pp.69-70

25　「隣国であることの摩擦や行き違いを是正するためにも、素直な議論が行われた　～メディア分科会報告～」（第17回東京－北京フォーラム：言論NPO、2021）

『下学邇言』における「神儒折衷」
～国学受容と形而上学の欠如～

関西大学東アジア文化研究科
博士後期3年
張陽

はじめに

　水戸学は前後期に分かれ、『大日本史』編集の再開を境目として、その学問的関心は歴史書編纂（前期）から政治論（後期）に転換したというのは丸山真男以来の一般認識である。

　前期における水戸学の発祥は後の常陸水戸第2代藩主徳川光圀が若い頃『史記』の「伯夷列伝」に感銘を受け、それを模倣して日本の紀伝体歴史書を編纂することを決心して、江戸の駒込別邸内に史局を設ける明暦3年（1657年）まで遡れる。寛文5年（1665年）、日本に亡命した明の遺臣朱舜水を招聘し、その経世致用の学風は後期水戸学にも深い影響を及ぼした。元禄3年（1690年）、史館の中心は水戸城内（彰考館）に移り、学者数も50人以上になった。その中に安積澹泊、栗山潜鋒、三宅観瀾など著名な儒学者がいる。光圀の死後にも史書の編纂は暫く続けられたが、元文2年（1737年）、史館総裁の安積澹泊の死去により中断した。

　寛政11年（1799）義公光圀の百年忌に備え、それまでに完成された本紀と列伝の校訂及び志、表の編纂など修史事業が彰考館総裁立原翠軒の手によって再開された。当時、藩内の農村荒廃や蝦夷地でのロシア船の出没など、いわゆる「内憂外患」に危機感が強まっていた。一方、水戸藩は深刻な財政難に陥っており、史館は編纂作業に留まることなく、農政改革や海防など、具体的な藩内外の諸問題の対策（例えば藤田幽谷『勧農或問』、会沢正志斎『千島異聞』と『新論』）を考案した。

　ただ、明治以前の前・後期水戸学を通観すれば、修史事業にせよ、献策にせよ、それはあくまでも水戸学派の実践であり、その思想の論拠とは何なの

か、なお究明する余地がある。要するに、「彼らは何を学んで、何を信じたのか」という疑問について、本論は考えたい。

　例として取り上げたいのは、会沢正志斎が65歳のとき（弘化4、1847年）に書いた『下学邇言』（以下は『邇言』と略す）である。「政治論を主とした別著『新論』に対し，学問論としての意味をもち，両著は表裏の関係にあるといえる」と評価されつつも、『新論』と違い、『邇言』は戦前に取り上げられることが少なく、戦後においてもそれを題名に挙げて扱う研究はあまり見当たらない。

　『新論』は正志斎が43歳頃、大津浜事件の翌年（文政8、1825年）水戸藩主斉修への上呈の目的で執筆したものである。それに対して、『邇言』は題名が自称通り「下学」の「邇言」であり、彼の先師藤田幽谷（文政9、1826年死去）から受け継いだ学問を、彼自身の理解を含めて整理し、水戸学の後継者に伝えるという目的で書かれたものである。その本文は「論道」、「論学」、「論政」、「論礼」、「論時」の5つに分かれたように、道徳、学問、政治、冠婚葬祭の礼儀、国際情勢まで彼自身の思想を系統的に論じた。

　『邇言』が儒学に基づいて書かれたことは、主に提唱しているのが儒学の「経世致用」の「実学」であること、また宋学の「大義名分論」に基づく君臣の上下関係を唱えることから見出すことができる。特に易姓革命の是非という『孟子』から転じた朝代改易問題について、日本の皇位は代々相続して天皇の権威に逆らうべからずという「国体論」を主張したことから見れば、その儒学における「正統」という概念に影響されたことは言うまでもない。

　しかしもう一方で、正志斎をはじめとする後期水戸学派は皆「皇国史」の篤信者であり、『邇言』のなかはもちろん、後世の天皇イデオロギーの経典となった『新論』や『弘道館記述義』などにおいても、強く称揚される記紀神話や、それとともに生じたナショナリスティックな日本優越論など、もともと儒学批判として成り立つ国学思想の部分がこれらの書物の中に重要な位置を占めている。

　このような「神儒折衷」姿勢は『弘道館記』において明確に示されている。

　　……唐虞三代の道、ここに折衷するを以て、その徳を欽い、その教を資り、人をして斯道のますます大にして且明かなる所以の、偶然ならざるを知らしめんと欲するなり……神州の道を奉じ、西土の教を資り、忠孝二無く、文武岐れず、学問・事業、その効を殊にせず、神を敬ひ儒を崇び、偏党あるなく、衆思を集め群力を宣べ、以て国家無窮の恩に報い……

　それだけでなく、まさしく「皇統を正閏し、一家の言を成す」という光圀[6]が主導した修史事業の自評のいうように、水戸学派は成立以来、本居宣長の「からごころ」批判に反対しながら、荻生徂徠や太宰春台の漢土中国論にも反発して、当時有力である日本朱子学における理気説にも賛同しなかった。[7]国学にせよ、儒学にせよ、当時の日本の他の学問にとって、水戸学はかなり異質的な存在だったと思われる。

　したがって、前述の後期水戸学者が「何を学んで、何を信じたのか」という問題に対して、本文は「『邇言』における正志斎の他学問からの受容」というテーマを考察したい。また、『邇言』は単なる正志斎自身の思想を反映するものだけでなく、その源流である幽谷も必ず含まれる。故に、本論が言及する「水戸学」は狭い意味で、この師弟二人を含むことにする。

一、国学の影響

　水戸学の国学理解についての先行研究では、津田左右吉が『文学に現はれたる国民思想の研究』において、水戸学と国学の異同点をいくつかあげ、それを「国学の影響があるやうに見えるのである」[8]しか論じなかった。戦後にいたって、尾藤正英は前後期の水戸学の成立を、日本の朱子学ないし儒学の衰退の反映として「徂徠学ならびに国学の影響を無視して考えることができない」[9]と言及したが、それ以上の詳細は触れなかった。おそらく水戸学における「皇国」や「神州」などの「国体論」調が国学と類似していることはあまりにも明白であるため、それ以上に各人物や著書に関する詳細な研究は少なかった。最近では、吉田俊純氏、大川真氏や蒋建偉氏のような研究は幽谷や正志斎に注目して、本居宣長との関連について論じた。[10]ただこれらの研究は幽谷と正志斎の思想の各部分における国学批評にこだわり、かえってこの二人の思想と国学の因縁を総体的に見る視野がなくなっているように見える。ここで、先行研究を踏まえて『邇言』における国学観を整理したい。

　まず『邇言』の第1巻の国学について明言する所は1箇所しかなかった。

　　然らば則ち、其の陽を助け陰を抑へ、正を揚げ邪を排せんと欲する者は、
　　宜しく　天祖の彝訓を奉じ、天朝の萬國に首出する所以の大義を明かにし、
　　以て天地汚穢の氣を一洗すべきなり。而る亦、堯舜・孔子の教を崇んで以
　　て腹心となし、漢・唐、義禮の邦に善して、以て侮を禦ぐことをなさざる
　　を得ざるなり。而して曲學の徒、且つ眉を揚げ舌を鼓し、空論閑議するに

　方つて、徒に異邦を尚慕して、萬國中、固より至尊あるを知らず、或は自
ら皇國學と稱して、力めて商・周・漢・唐を牴排し、至尊以て腹心禦侮す
べからざるを知らず。之を要するに、皆、身を没するまで力を竭すも、其
の終は同じく大道を傷害し、邪説を助長するに歸す。亦悲しむべきなり。[11]

　この文脈においては、正志斎が「日本の優位」を語り、それと儒学思想と
の関連を示した。要するに、日本は「万国の首出する」上位の国だが、儀礼
をもつ素晴らしき儒教の国・漢土こそ日本の「腹心」であり、それなりに敬
意を持たなければならない。しかし、日本には二つの不正な流派があった。
一つは専ら漢土だけ拝む儒学者と、二つは儒学を軽蔑し日本だけを敬う「皇
学者」である。
　ここで注意したいのは、正志斎は批判したのは、あくまでも排儒学的な性
格を持つ国学者であり、国学の日本優位論を批判するどころか、むしろ当た
り前のように馴染んでいる。したがって、「異邦を尚慕」する学問は「万国
至尊」である日本を無視し、当然正しい学問とは思われていない。[12]
　少なくとも表面上、水戸学は宣長を批判している。その理由はただ、漢土
は日本の「貳にして」[13]それを軽視してはいけないのみならず、宣長は水戸学
派の性・道・教をめぐる儒学的思想構造と根本的な齟齬があるからである。[14]
　宣長を批判する一方、『古事記』と『日本書紀』における日本古代神話を
史実として扱うところは『邇言』には随所に見られる。例えば「三種の神
器」について以下のように書かれている。

　　昔、天祖統を垂れ　天孫位を嗣ぐ。授くるに三神器を以てし、誓つて曰
　はく、寶祚の隆なること、當に天攘と與に窮りなかるべしと。而して之を
　千萬世に傳ふ。臣民、未だ嘗て一人の天位を覬覦せし者あらずして、君臣
　の義、以て立つ。寶鏡を持して祝して曰く、以て吾が遺體を鏡中に仰贍し、
　本に報い孝を申べ、千萬世に至つて、享祀して懈らず。皇統一定して、未
　だ嘗て他派異流の敢えて天潢を瀆したるものあらず。[15]

　これこそ戦後批判を浴びた「皇国史観」[16]の源流、いわゆる「国体論」の顕
現だと思われる。この皇位の象徴とされる三種の神器の所在はもともと南北
朝時代をめぐる正統論争の重要な論拠[17]となっているが、『邇言』はその影響
を受けて、神器の相続こそ神聖な君主の地位が綿々たる証拠であることを信
じている。記紀神話に立脚して立論した水戸学派の国学との関連性は言うま

でもない。なおかつ、前述した宣長批判と合わせてみれば、やはりこの時の水戸学派にとって希少な上代日本史の資料として『日本書紀』や『古事記』を扱[18]うことと、宣長の儒学批判に反発する姿勢は矛盾しないように見える。なぜなら、正志斎は日本神代史を土台として、儒学的価値観を立てようと考えているのである。

　ただ、国学史観を取り上げるのは水戸学の発明ではなく、江戸期の知識人の普遍的な認識である。例えば、林羅山は「神道伝授」の中で儒家が提唱し[19]た「王道」と「三神器」と融合させようとした。

　　一神璽はしるしの玉也、一寶劔は草薙の劔也、天村雲の劔とも申也、一やたの鏡は内侍所の事なり、右玉と劔と鏡とを三種の神器と申候、天照大神より授け玉ふ代々帝王の御寶物也、この三の内證は、鏡は智也、玉は仁、劔は勇の徳を一心に保つ義也、心に在ては智仁勇也、あらはし器と成時は、玉と劔と鏡と也、是を以国家を治守也、又鏡は日に像る、此三光ありて天地明なるが如し、三種神器備て王道治る、王道神道理一也……

　羅山の「王道神道理一也」という神道融合の論調は宣長の漢土軽視論と相違があったものの、記紀神話の史観を平然と認め、その上で儒学思想を以て日本の神代史を理解する姿勢に注目すべきだと思われる。幽谷と正志斎も同様で、もちろん原理上儒学と国学の論説自体は相容れないが、しかし、『大日本史』歴史書編纂において『日本書紀』や『古事記』を扱う必要がある。したがって、幽谷と高橋坦室は、藩主治保に許可を得て、前期ですでに完成した「神武天皇本紀」の冒頭に神代の系譜を入れた。

　　広備一正等、加ふるに神武帝紀首に天祖の世系を書し、及びそのほか紀事の間、務めて本書に従ふ等の事、数条を請ふ。上公これを可とす。[20]

　その書き加えるところは、以下のように天祖（＝天照大神）からの系譜のほか、三種の神器のことも記されている。

　　天祖大日孁尊（オホヒルメノミコトタカマノハラ）高天原を治む。これ天照大神（アマテラスオホミカミ）たり〔天祖の稱、古語拾遺に據る〕。天照大神の子正哉吾勝勝速日天忍穂耳尊（マサカアカツカチハヤビアマノオシホミミノ）高皇産霊尊（タカミムスヒノ）の女栲幡千千姫（タクハタチチヒメ）を娶り、天津彦彦火瓊瓊杵尊（アマツヒコヒコホノニニギノ）を生む。天祖既に群臣に命じ、下土を平定す。すなはち天孫をして降りて葦原中国（アシハラノナカツクニ）に居らしめて、これが主と

なす。賜ふに八坂瓊曲玉〔ヤサカニノマガタマ〕、及び八咫鏡〔ヤタノカガミ〕、草 薙 劔〔クサナギノツルギ〕の三種宝物を以てす……天祖の胤、無窮に伝ふ、故に騰極してこれを日嗣〔ヒツギ〕と謂ふ〔騰極日嗣、本書持統紀、及び続日本紀宣命の文に據る〕。上世の事、年代悠遠にして、神異測らず。総ずるにこれを稱じて神代〔カミヨ〕と曰ふと云ふ。[21]

わざわざ神話の物語を神武本紀の冒頭に書き入れることは幽谷らがこれらの神話を信じ、史実だと扱っている証拠だと思われる。逆に言えば、これらの神話を載せなかった光圀の前期の方針と比べると、大きな転換だと思われる。天和4年（1684年）の光圀の御覚書には以下のように書いている。

　（甲）子四月三日　一神代ハ怪異之事斗ニ候間、神武ノ口へも載難候間、別ニ天神本紀・地神本紀を立、七代五代ノ事を書可。
　同日　一凡紀傳之出處付、縦ハ日本紀・古事記・旧事紀等ノ本據ニ成候書ハ記すに及ばず。其外ノ雑書等より考出たる故事ハ、悉其出處記す可。[22]

ここにおいて、神代が怪しき事ばかりで、神武本紀に載せがたく、別に天神・地神本紀を作った方がいいと光圀は書いている。しかし、刊行された『大日本史』において神代に関する本紀は見当たらない。一方、同日の別条には日本紀・古事記などの出典を「記すに及ばず」（原文は「不及記」）と光圀は明記したのだが、実際に刊行されたものには、特に神武本紀冒頭の添筆に日本書紀や古事記などの注記がたくさんある。この2か条の解釈はどうであれ、後期初頭の歴史書編纂が光圀の意志に背いたことに疑いはないだろう。[23]

二、形而上学の欠如

　幽谷と正志斎は修史事業において記紀神話（とくに南朝正統論に関わる三種の神器など）を積極的に取り上げたものの、その代わりに儒学の形而上的な部分＝漢代からの「陰陽五行説」や宋学の「理気説」にあまりにも無頓着である。
　形而上の出典は『易経』の「繋辞下」の「形而上はこれ道を謂ふ、形而下はこれ器を謂う」によるもので、一般的に、形がなく、感覚でその存在を知ることのできないもの、時間、空間を超越した、抽象的、普遍的、理念的なものであり、[24]物事の本質、存在の根本たる原理を思惟や直観によって探求する学問を指す。のちに西洋哲学の「Metaphysics（英）」の訳語（アリスト

テレスの同名作による）として古代ギリシアの「第一哲学」を指すようになった。本論文においては儒学の「陰陽五行説」や「理気説」を指す。

　江戸期の儒学受容に関する先行研究は数えきれないほど膨大である。そのの系譜（特に日本朱子学）を整理する論著は、例えば、渡辺浩氏の『近世日本社会と宋学』、土田健次郎氏の『朱熹の思想体系』、吾妻重二氏の『朱子学の新研究』、または源了圓氏の『徳川合理思想の系譜』などの名著がある。これらの論著の内容が示しているように、朱子学における政治論は江戸期に盛んになり、幕府まで大きな影響を及ぼし、寛政年間に幕府が経営する聖堂学問所（昌平坂学問所）において朱子学だけを正しい学問とする改革（寛政異学の禁）が行われた。とはいえ、中国儒学における理気説は「大義名分」論や「攘夷」思想のような政治論のほど流行しなかった。そのため、江戸の大儒らの中に、朱熹の学問を丸ごと受け入れた学者はなかなか見当たらない。例えば藤原惺窩の学風はただ単に朱子学というより、明の心学を含め、老子も仏教も容認している。惺窩の死後、弟子である林羅山は朱子学の理気二元論を説いたが、前述のように彼は「三種の神器」を儒学の「智仁勇」と見なして、結局神儒折衷の支持者だった。また、新井白石や佐久間象山らは朱子学者でありながら西洋技術を積極的に評価した。[25]

　『迺言』の場合、例えば「陰陽」の概念について、朱子学と違い、正志斎の独特な表現がある。

　　夫れ陰は陽に凝りて必ず戦う。故に蛮夷の夏を猾るは、聖賢の戒むる所以なり、今、蛮夷寂滅の言、民心を蠱惑して、其れ人倫を廃棄す。身毒の法如きは、君なく父なし。洋夷の説の如きは、其の言、四海に遍満し、積陰の気、天地に塞がる。天下有志の士、将に安んぞ興起奮励して心力を盡し、身体を齏粉して以てこれを攘はざるを得んや。然らば則ち、其の陽を助け陰を抑へ、正を揚げ邪を排せんと欲する者は、宜しく　天祖の彝訓を奉じ、天朝の萬國に首出する所以の大義を明かにし、以て天地汚穢の氣を一洗すべきなり。[26]

　正志斎が思うに日本は「陽」であり、西洋（仏教を含めて）は「陰」である。「陽」は素晴らしき正義であり、邪悪な「陰」と戦う義務もある。このような陰陽相闘の説は儒学の陰陽調和説と全く異なる。

　『新論』において、夷狄を「陰」と見なして論じる表現はさらに露骨である。

　夫れ神州は大地の首に位す、朝気なり、正気なり〈神州は本、日神の開
きたまひしところにして、漢人、東方を称して日域となし、西夷もまた神
州及び清・天竺・韃靼の諸国を称して、亜細亜と曰ひ、また朝国と曰ふ。
皆、自然の形体に因りてこれを称するなり〉。朝気・正気はこれ陽となす、
故にその道は正大光明なり。人倫を明らかにして以て天心を奉じ、天神を
尊んで以て人事を尽くし、万物を発育して以て天地の生養の徳を体す。戎
狄は四肢に屛居し、暮気なり、邪気なり。暮気・邪気はこれ陰とすなす、
故位に隠を索め怪を行ひ、人道を滅裂して、幽冥の説をこれ講ず。天に褻
れ鬼に媚びて、荒唐の語をこれ悦び、万物を寂滅して、専ら陰晦不詳の塗
に由る。今、誠によくその道を反し、寂滅を変ずるに生養を以てし、陰晦
を化するに光明を以てし……[27]

　『新論』の冒頭に書かれたように、日本は「太陽の出づる所、元気の始ま
る所にして、天日之嗣、世宸極を御し、終古易らず[28]」。それに対して、西洋
は「暮気・邪気」の国であり、排除すべきである。このような陰陽優劣論は
もともとの儒学における「陰陽」説に存在しない。
　もう一方で、『迪言』において、正志斎は儒学における漢・宋学の「五行」、
「太極」の説を評価しなかった。

　聖人の道を学ばんと欲せば、當に之を聖経に求むべくして、宜しく新奇
を好むべからず。故に述べて作らず、信じて古を好む。聖人の恭謙なる、
私意を捨てて古訓に遵ふこと此の如し。漢儒は訓詁を守ること、猶ほ古に
近しとなす。然れどもその説浅陋にして、或は付会するに五行を以てし、
雑糅するに繊緯を以てす。聖経に未だ嘗て言はざる者を言ひて、大に聖教
の本旨を乱る。宋儒は立ちて之を一掃し、実行を以て先となし、誠正修斉、
之を日用に切にせしは、則実に聖人の旨を得たりと成す。其の功は大なり。
而して豪傑自ら任じ、その創立する所は、必ずしも経文に據らざる者ある[29]。

　正志斎の儒学は徂徠の古文辞学の影響が顕著であり、漢・宋・明の新儒学
より、復古儒学のほうを好んでいる姿勢は、この文脈から見られる。漢学は
訓詁を守ったが、その卜学は「聖教の本旨を乱る」と批判される[30]。宋儒はそ
れを廃棄して、実践的に外界の事物の理を窮めて知を磨く（格物致知）「実
学」精神を備えているが、その論旨は孔子や孟子の経典と離れていて、「豪
傑」にすぎない。

　総じてみれば、正志斎は新儒学における形而上的な部分に興味を示さない。彼が儒学に求めているのは道徳・政治論であり、世界の根源というような話になると、正志斎はむしろ『古事記』、『日本書紀』の説に飛び込んだ。

三、終わりに：日中文化交渉の一例として

　水戸学は「尊王攘夷」の源流として幕末から戦前までさまざまな人に取り上げられた。戦後に至って狂信的な熱情が失われ、客観性を持つ研究がようやく始まったが、やはり日本のイデオロギーとして水戸学（特に幕末から明治初期にかける時期）が批判される場合が多く、丸山真男や尾藤正英などのような系統的に水戸学派の思想の系譜を整理する研究は少なかった。

　本論文が注目した「学問上の水戸学」は歴史書編纂事業に伴って発祥したものであり、その成立は中国からの儒学と日本本土の国学両方から影響を受け、多様な論説を融合した学問である。

　筆者が目指す水戸学研究は、水戸学派の是非という結果論よりも、水戸学自体の成立、構成、背景を実証的に究明し、それを東アジアにおける文化の交渉という視野で照射する研究である。言い換えれば「彼らは何を学び、何を信じ、それを信じた理由とは何か」という３つ疑問点についてその答えを探り出すことが筆者の問題関心である。

　本論文は会沢正志斎の名著『下学邇言』を例として、学問面の水戸学において、いわゆる「神儒折衷」の構造を考察した。ただ、文中のキーワードとして取り上げた「三種の神器」の受容や「形而上学」の欠如などは、水戸学の性質（＝日中における文化交渉から生まれたもの）という広大なテーマの中で僅かな一側面に過ぎず、これからの研究ではより広い視野で日中にまたがる多学問融合的な水戸学を考えたい。

参考文献

笠谷和比古『主君「押込」の構造』平凡社、1988年
桂島宣弘『自他認識の思想史』有志舎、2008年
山岸紘一『幕末国体論の行方』砂子屋書房、1999年
論集刊行委員会編『朱子学とその展開』汲古書院、2020年
渡辺浩『近世日本社会と宋学』東京大学出版会、2010年
安見隆雄『会沢正志斎の生涯』思文閣出版、2016年
河野有理『近代日本政治思想史：荻生徂徠から網野善彦まで』ナカニシヤ出版、2014年
垣内景子『朱子学入門』ミネルヴァ書房、2015年
関口直佑『近代日本国体論の研究：会沢正志斎と考証学』国書刊行会、2019年
吉田俊純『寛政期水戸学の研究：翠軒から幽谷へ』吉川弘文館、2011年
吉田俊純『後期水戸学研究序説』本邦書籍、1986年

吾妻重二『朱子学の新研究：近世士大夫の思想史的地平』創文社、2004 年

中嶋諒『陸九淵と陳亮：朱熹論敵の思想研究』早稲田大学出版部、2014 年

田中秀樹『朱子学の時代――治者の〈主体〉形成の思想』京都大学学術出版会、2015 年

土田健次郎『江戸の朱子学』筑摩書房、2014 年

土田健次郎『朱熹の思想体系』汲古書院、2019 年

韓東育『従「脱儒」到「脱亜」―――日本近世以来「去中心化」之思想過程』台大出版中心、2009 年

1　常識として「2 代藩主徳川光圀が 17 世紀後半に『大日本史』変遷事業を始めた際に基礎がおかれ（前期）、幕末の危機とともに実践的政治論として展開される（後期）という広義のとらえ方のほうが一般的で……前期と後期との間には半世紀に及ぶ編纂事業の中断があるだけでなく、歴史編集事業より政治的実践論へという焦点の移動がある。」植手通有『世界大百科事典27』、平凡社 2007 年版、413 頁

2　高須芳次郎『水戸学全集 2』、日東書院、1933 年、194 頁など。前掲植手は同調。

3　身近な学問。『論語　憲問』、「天を怨みず、人を尤めず、下学して上達す、我を知る者それ天か」による。

4　分かりやすく身近な言葉。『礼記　中庸』「舜、問うに好み、邇言に察すに好む」による。

5　藤田東湖『弘道館記述義』『日本思想大系53　水戸学』岩波書店、1973 年、317-333 頁

6　「梅里先生墓誌銘」、名越時正著『水戸光圀』、日本教文社、1966 年

7　会沢正志斎らは荻生徂徠や太宰春台などの儒学者に反して、日本こそ「中国」であり、『新論』や『邇言』の中に日本を「神州」と称している。山鹿素行の『中朝事実』に影響が深くみられる。近世の「日本」の呼び方について桂島宣弘「「華夷」思想の解体と国学的「自己」像の生成」『江戸の思想』第 4 号、ぺりかん社、1996 年

8　津田左右吉『文学に現はれたる国民思想の研究』第 4 巻、岩波書店、1970 年、475 頁

9　尾藤正英「水戸学の特質」、『日本の国家主義「国体」思想の形成』、岩波書店、2014 年、247 頁

10　例えば、大川真「後期水戸学における思想的転回――会沢正志斎の思想を中心に」『日本思想史学39』、2007 年。吉田俊純「藤田幽谷が本井宣長から学んだ一事例――「校正局諸学士に与ふるの書」と『国号考』との関連」『筑波学院大学紀要7』、2012 年。蔣建偉「会沢正志斎の国学観――宣長批判の思想構造を中心に」『早稲田大学大学院文学研究科紀要62』、2017 年

11　下線部は加筆。原文は関西大学泊園文庫所蔵『下学邇言』、會澤善、1892 年。書き下しは前掲『水戸学全集』、200-201 頁を参考にした。

12　「曲学の徒」とは、藤田東湖『弘道館記述義』において「漢土は中国たり、その外は四夷たり、礼楽刑政は皆中国の設くるところ、三綱五常は四夷の有する所にあらず」という学者は「仲麻呂の流亜」であると記しているが、『大系』においてそれは荻生徂徠の『学則』と太宰春台の『弁道書』を指すと解釈している。前掲『日本思想大系53　水戸学』、287 頁

13　原文の書き下しは「余謂へらく、神州は萬國の元首にして、皇統二あるを得ず。萬民を以て一君を奉ず、其の義は君臣の分を盡すにあり。而して漢土は則ち 神州の貮にして、其の君臣一定不變なるあたはざること、猶ほ武將の下土鎮撫し、代り興りて遞ひに替るが如きなり。」前掲『邇言』。書き下しは前掲『水戸学全集2』、201 頁

14　詳しくは前掲大川真2007年、蒋2017年

15　前掲『邇言』、書き下しは前掲『水戸学全集』を参考とした。

16　広義的な「皇国史観」については前掲尾藤正英『皇国史観の成立』（2014 年）、及び長谷川亮一『「皇国史観」という問題』白澤社、2008 年、第 1 章

17　栗山潜鋒『保建大記』『日本思想大系48　近世史論集』所収、岩波書店、1974 年

18　後期の『大日本史』の変遷には、国学史観を導入したことは吉田俊純『寛政期水戸学の研究』吉川弘文館、2011 年、第 2 章第 1 節を参照。

19　林羅山「神道伝授」、国会図書館デジタルコレクション蔵、山本信哉編『神道叢説』、1911 年、識別子 info:ndljp/pid/992876、コマ番号16

20　岡崎槐陰「修史復古紀略」『大日本史17』、大日本雄弁会、1929年、22頁

21　振り仮名と〔〕内は原文。『大日本史1』、大日本雄弁会、1929年、本紀一、2頁

22　常磐神社、水戸史學會編「御覚書」『水戸義公傳記逸話集：徳川光圀關係史料』、吉川弘文館、1978年、203頁。下線部は加筆。

23　「不及記」の解釈は一般的に「古事記や日本書紀などのものがあまりにも知られているから、他の雑書と比べれば、別に明記しなくてもよい」と思われがちだが、この同日に書かれた2か条を一緒に考えれば「記・紀は雑書の類で、考証しがたく、わざわざ歴史書の中に名前を出す価値もない」と読み取られる。具体的に、どう解釈するかは本文の立論に妨げないので論証を省く。

24　「形而上」項目を参照。『日本国語大辞典（第二版）』第四巻、小学館国語辞典編集部等、2001年、1241頁

25　朱子学体系は「異質の理論構成の所産たる西洋技術文明の導入に際し論理的障害となる」という小池喜明氏の説があるが、しかし宋以来の自然科学の発展を見れば分かるように、朱熹が提唱している「格物致知」という実学の精神はむしろ後世の技術的な発明・発見を促したかもしれない。小池喜明「佐久間象山の物理と倫理──幕末における朱子学体系の崩壊」『日本思想史学』第9号、1977年、99頁

26　前掲『水戸学全集2』、200頁

27　『新論』前掲『日本思想大系53　水戸学』、145-146頁

28　前掲『新論』、50頁

29　前掲『水戸学全集2』、285頁

30　宋儒は朱熹を指す。蒋建偉「会沢正志斎の朱子像」『朱子学とその展開：土田健次郎教授退職記念論集』、汲古書院、2020年、310頁

日中比較による競技ダンス界の一考察
~現状と発展・プロとアマ・オフラインとオンライン~

上海外国語大学日本文化経済研究科
修士課程1年
楊中奕

はじめに

　第二次世界大戦前後からアジア中で流行り始め、今も世界中の「ダンス人間」に愛されている「社交ダンス」。その言葉を聞くと、おじいさんとおばあさんが手を取り合い、ぶらぶらしている姿が目に浮かぶだろう。日本の高齢層で人気があるだけでなく、海を隔てて向かい合っている中国においても、すでに中高年が公園で行う健康づくりの一手段にまでなっている。競技ダンスは、その社交ダンスから生まれ、「社交」という目的の代わりに、パワー・テクニック・美しさ・演技を重んじる競技スポーツであり、ある意味では陸上のフィギュアスケートと言ってもよい。また、音楽のジャンルにより、スタンダード（ワルツ・タンゴ・ヴィニーズワルツ・スローフォックストロット・クイックステップ）とラテン（サンバ・チャチャチャ・ルンバ・パソドブレ・ジャイブ）に大きく分けられ、それぞれ五種目ずつが含まれる。

　まだ多くはないが、近年のダンスフロアでは、欧米人選手との体格の違いを克服し、世界級のダンス試合で成績が上昇するアジア人ダンスカップルの姿が時々見られるようになり、特に中国のダンスカップルと日本のダンスカップルがプロ試合に一番近いライジング試合で大活躍し、これからのプロ試合での決勝進出が望まれている。

　にもかかわらず、若い世代の競技ダンスへの関心の減少に加えて、昨今のコロナ禍と人口の老齢化による競技人口の年々の減少が無視できない日本の競技ダンス界はどうなるのかと、ダンス存亡の危機が迫ると心配する人が少なくない。一方で、中国のほうは、競技ダンスは一見盛んに発展しているようだが、関連施設の不足など様々な課題が徐々に現れている。

　両国の競技ダンスのさらなる発展とダンスによる多様な国際交流を進めるためには、両国の競技ダンス界の現状を踏まえ、隣国との比較によってダンス界の発展に有益な情報やヒントを得ることが必要である。

　本論は、第1章では日本と中国の競技ダンスの歴史を回顧し、現状を把握する。第2章では日本と中国の競技ダンスのプロ選手の育成、大学のダンス部の活動実態、関連産業の違いを比較する。第3章では前章の比較を踏まえて、両国の競技ダンスの今後を展望し、特にオンライン時代とアフターコロナ時代におけるダンス界の発展について考察を行う。

一、競技ダンス界の歴史と現状

　中世ヨーロッパのコード・ダンス（宮廷舞踏）までさかのぼるスタンダードダンス（モダンダンスとも呼ばれる）と、アメリカ大陸の民族舞踏が原型のラテンダンスは、どちらも20世紀初頭前後にイギリスで標準化され、競技会に取り入れられた。その発祥地であるイギリスと同じ文化圏に位置する欧米諸国の競技ダンスは、スタートが遅いアジア諸国に比べ、圧倒的な実力と成績を持っている。

　競技ダンスの聖地で行われる最高レベルの試合といわれているブラックプールダンスフェスティバル（全英選手権）の2019年の結果を見てみると、プロスタンダードの上位15位中で13カップル、プロラテンの上位15位中で15カップルが欧米人で、日本人最高位はそれぞれ29位と99位、中国人最高位は15位と34位だった。

　日中両国は、ゼロからどのような道を歩いてここまで来たのか、まず日本と中国の競技ダンスの歴史を回顧して、ダンス人口、関連団体設置とそれぞれの問題点を検討する。

1-1　日本の競技ダンスの歴史・現状

　日本の社交ダンスは明治時代の「鹿鳴館」より始まり、最初は富裕層を中心に流行し、第二次世界大戦後、進駐軍向けのダンスホールの増加で一般人にまで浸透した。1948年、戦後初の競技会が開催され、1956年に第一回全日本選手権が開催された。その後世界選手権への参加や、日本インターナショナル選手権の開催、三笠宮杯全日本ダンススポーツ選手権の開催が相次いだ。そして1985年のNHKの趣味講座「レッツダンス」の放映と1996年の映画『Shall we ダンス？』の上映がダンスブームに火をつけ、1980年代と90

年代は社交ダンスの黄金時代とも言われている。

　ダンス人口については、社交ダンスだけを対象に行われた研究が行われていないため、人数を把握するのは難しいが、政府資料からの計算によっておおよその状態を推定することはできる。2006年の総務省による社会生活基本調査では「洋舞・社交ダンス」の参加率は1.8％。2011年は1.7％、ダンス人口は約200万人と推定され、2016年の調査では1.4％の参加率で約160万人と推定している。

　バレエなどほかのダンスも含まれているため、精度の高いデータとは言えないがその減少傾向が分かる。この推論を検証するためにJDSF（日本ダンススポーツ連盟）の会員数の推移を見てみると、2010年度は41,190名で、2021年現在はそれから約半分減り22,500名になっており、同じく急減少の状態である。

　さらに高齢化の影響もあり、ここ近年のダンス人口の高齢化も問題視されるようになったため、JDSFは新たな普及施策を実施したものの、改善や目標達成は難しいという。

　また社交ダンスに関する団体については、JDSF以外にJBDF（日本ボールルームダンス連盟）、JDC（日本ダンス議会）、JCF（日本プロフェッショナルダンス競技連盟）、JPBDA（日本プロフェッショナルボールルームダンサーズ協会）という合計5団体があるが、試合のスケジュールや審査員規定などが完全に共通になっているわけではない。その上、集団作りの傾向もある故に人間関係が複雑で、他団体とも様々な意見対立をしてきた。JBDF東日本選手会が2015年度の日本インターナショナルダンス選手権の出場を「ボイコット宣言」した事件も、JBDFに対する不満と内部分裂がその源になっていると考えられる。

1-2　中国の競技ダンスの歴史・現状

　一方、中国の競技ダンス環境はどうだろう。

　20世紀においては、上海と広州の舞踏場開設により社交ダンスは隆盛をみたが、中華人民共和国成立後は旧社会の交際舞を改造して、風俗業にかかわるとされるダンスホールを廃業させ、人民大衆の健全な娯楽として「交誼舞」を社会主義の文化生活の枠組みに取り入れた。しかし、人民舞踏の光景は長続きしなかった。文化大革命などという一連の国内の政治運動と階級闘争が進むにつれて、交誼舞は「資本主義の堕落した生活様式」となり、改革開放までの約20年間は禁止されていた。1986年になっても競技ダンスとい

うものを知る人がまだ少なく、流行った社交ダンスも1930年前後のスタイルだった。そうしたなか、日本は重要な役割を持ち、中国の社交ダンスの復活と、競技ダンスの発足に力を入れた。

　きっかけとなったのは1986年、当時日本アマチュアダンス協会会長を務める山口繁雄氏が中国対外友好協会と連絡を取り、中国舞踏家協会と連携して日中友好試合の開催を目標に、1986年11月から1987年3月にかけて中国北京でモダンダンスカッブル12組、ラテンダンスカッブル12組を対象に講習を行った。選手の競技指導の外に、日本人ダンスインストラクターの食費と授業料、中国人選手のドレスの費用と食費なども山口繁雄氏がカバーしてくれた。こうしたことにより、中国は初めて競技ダンスの世界へと第一歩を踏み出した。

　その後、中国ボールルームダンス総会（CBDF）が設けられ、競技ダンスのブームが全国に及び、人民文化宮の舞踏場が一時大盛況になった。今では、競技ダンス専門コースを設ける大学と専門学院が増え、国内の競技会が盛んになり、世界トップレベルコンペへの出場と世界ダンススポーツ総会（WDSF）との連携も一気に増え、1990年代からわずか20年間で急成長を遂げた。この歴史を振り返って見ると、やはり日本からの手助けなしに今日までの発展は語れないほどであった。

　次に、中国の社交ダンス人口について考察する。データの未公開と関連調査の欠如のため、ダンス組織の登録会員数の推移から競技ダンスの発展実態を把握することができない。しかし、CBDFの公式サイトで掲載される認定ダンス教室数を参考にすると、2015年は198教室、2016年は122教室、2017年は106教室と逐年減少したが2018年に188教室となり急増。その理由は2017年のブラックプールダンスフェスティバル（全英選手権）と、2018年の世界選手権大会の中国での開催にあると推測される。[3]

　運営については、中国文化部が設立した中国ボールルームダンス総会（CBDF）と中国体育総局に付属していた中国ダンススポーツ総会（CDSF）という二つの組織による運営が中心で、この二つの組織が政府機関から独立して民間団体になっている現在もいわゆる「天下二分」の状態が存続している。CBDFとCDSFはそれぞれ独立しているが、連携してコンペを開いたり、CBDF対CDSFのプロ試合を毎年開催したりという協力・競争の関係にある。

二、競技ダンス界の日中比較

第2章ではプロ選手の育成の方法、社交ダンス部活の活動実態、社交ダンスの関連産業の日中比較を行う。

2-1　プロ選手の育成

日本のプロ選手たちのプロフィールを見ると、大学の時からサークル活動で競技ダンスをはじめた人が少なくないことがわかる。プロの競技人口が少ないため、幼い頃からはじめなくてもプロを目指せるのは確かであるが、さらに細かく分析すると、日本ボールルームダンス連盟（JBDF）のSAクラス強化指定選手恩田恵子をはじめとする20代前後から競技ダンスを始める女性のプロ選手は、ほぼ新体操、器械体操やクラッシックバレーの経験を持つ人で、これはおそらくダンスと共通する体づくりや身体の感覚が練習で獲得できるからであろう。

子供の時から始めなくてもプロ選手になった、というような人もいる一方で、トレーニングとテクニックの積み重ねが重視される競技スポーツであるため、若い頃から社交ダンスを始めて上位入賞を果たしてきた選手が、一流のプロ選手に占める割合で当然ではあるが高いのも事実である。

第37回三笠宮杯全日本ダンススポーツ選手権大会（2018年開催）のラテン部門優勝を果たした吉川あみ選手と、同大会のラテン部門3位を取得した大西大晶選手は、インタビューで「カップルで練習するのは1週間に5〜6回、大学の授業もあるので3時間程度です。休日は5〜6時間くらい。」「毎週水曜日に他の選手と合同で行うパフォーマンストレーニングというものがあって、とにかくひたすら踊り込みをする日があるんです。」と練習のスケジュールについて話している。

レッスンとペア相手との自主練習によって向上を果たした日本の若いプロ選手たちの育成方法とは全く違い、中国の若いプロ選手はほぼ全員がフィギュアスケートのように遅くとも十歳前に競技ダンスを習い始め、ダンスの専門校に進学する。その後、競技ダンス専攻のある大学で授業を受けながらアマチュアの試合に参加し、卒業後に正式にプロ選手となる、といった道を歩んできたのである。

北京舞踊学院附属中学校、北京演劇学院附属中学校、上海市舞踊学校、広東舞踊学院をはじめとする有名中等専門学校は偏差値が高く、毎年の入試競争は白熱化している。スポーツダンス専攻を設ける大学は40以上あり、そ

のうちの専門大学の競技ダンス学科に対してABCDクラスの評価付けを行う「学科アセスメント」からも、中国における競技ダンスの高度な組織化と専門教育の傾向を垣間見ることができる。

　中国の育成方法に興味を持った日本人や韓国人が中国にダンス留学して世界のフロアでの活躍を目指すようになってきている。その一方で、中国国内の激しい競争を避けたい、専門教育を受けたくないなどといった様々な理由で、中国を離れ、日本もしくは他国に行って、より自分に適合したプロへの道に進んだ中国人選手も少なからずいる。一例として、2021年のブラックプールダンスフェスティバル（全英選手権）のライジングスター部門で3位入賞した廣島悠仁・石渡ありさ組の廣島悠仁選手が中国出身で、少年時代は舞踊専門校で訓練を受けた経験があるという。

2-2　趣味としての競技ダンス：ダンス部活の活動実態

　日本と中国の大学の競技ダンス活動の違いをまとめて言うと、部活と趣味サークルとの違いになってくる。言い換えれば日本の大学の競技ダンスは「競技目的」で、中国側は「社交目的」が主である。この差が生まれる原因は、まずプロとの距離感にあると考えられる。

　第1節で記したように、日本では学連（全日本学生競技ダンス連盟）出身のプロ選手の数は少なくない。「やってみないとどこまで行けるのかわからない」と、自分の競技ダンスの道に制限を設けずに、練習と試合で本気を出す日本の参加者たちとは反対に、普通の総合大学に進学した中国人大学生にとっては、大学のサークル活動によって少年時代から専門学校を通ってきたプロ選手に近づくことはまず不可能である。「大器晩成」は、才能より経験を積み重ねて得る能力が大切な競技ダンス界では通じない。皆が、ダンス専攻学校出身のプロ選手や国家代表との間の溝を知っており、実現不可能な夢を追う代わりに趣味で踊って楽しむほうが条理にかなう。

　目標設定の違いに加えて、日本独特の先輩後輩制度も競技の雰囲気を作り出している。練習会で上級生にダンスの基礎を教えてもらうので、先輩は自分より前に入部した者というだけではなく、自分のダンスの先生でもある。したがって自分が上級生になると責任を持って後輩を育てる意識が強くなり、部員との一体感も強化されていく。卒業してもOB、OGとして若い部員を指導したりして部活動を支え続けることができる。ハードな練習はもちろんだが、一体感を維持するための飲み会も必要とされ、頻繁に行われている。このように、いわゆる体育会系の肉体的かつ精神的タフさを備えると同時に、

体にチームワークが染みつくようになり、自然と「真面目にやっている」という競技ダンスの雰囲気を出してしまう。

　一方で、中国の大学のサークルでは上下関係は非常にゆるく、ダンスの先生を大学に招いてグループレッスンを受けるのが日常の活動であり、競技ダンスのサークルは社交の場兼ダンス教室として受け止められている。ただし、「社交」を主要目標とするが、競技会に完全に出ないわけではなく、気が向くと試合の情報を検索して自由に応募することができる。

　なお、組織団体という面から見ても日本の大学の競技ダンス活動は中国よりも整備されており、きちんと基準化されていると感じられる。

　日本国内の大学の競技ダンス部、社交ダンス部などで構成される学連は自主運営によって皐月杯、松前重義杯、天野杯を代表とする20以上のダンス試合を一年中開催しており、ほかの大学のダンサーと同じフロアで戦うという貴重な機会を設けている。同じブロックにある大学もよくほかの大学との共同練習会を開いたり、定期的にコンペを共同主催したりすることを通して「競技」を日常化・習慣化させている。

　中国の場合は、大学間の競技ダンス部の連絡は希少で、日本の学連のような組織も当然なく、二、三校連合のコンペがあっても小規模のものが多い。この孤立した状態は、各大学の競技ダンス部の実力の差を固定化させ、長期的なサークルの発展に百害あって一利なしと言っても過言ではない。大学の競技ダンスサークルの規模の拡大とレベルの向上を実現させるには、日本に倣って団体組織を設立することが役に立つかもしれない。また、自分の大学だけではなく、ほかの大学と提携して部活を成立させるという日本の経験は、競技ダンスサークルの男女の数が不均衡であるのが一般的な中国の大学にとって、手本とするに足るものと考えられる。

2-3　関連産業について

　中国では世間的には、競技ダンスのプロ選手に対して稼いでいるイメージがある。競技ダンスの発展につれ、大都市から地方に至るまでダンススクールと社交ダンスクラブが存在するようになり、ダンス教室やダンスアカデミーなどのレッスンスタジオも数多く開かれ、ダンスインストラクターの需要も一定数ある。

　競技ダンスがどんどんと産業になっているその実態について考察を行うことにした。第1章の第2節において、CBDFの認定ダンス教室数の、2015年から続く減少と2018年の急増について述べた。2018年以後のデータは未入

手だが、おそらく上昇の勢いが保たれてきていると推測できる。その理由は、メディアでの競技ダンスの露出が多くなっているからである。テレビで競技ダンスのニュースが出ることや、競技ダンス選手がテレビ番組のみならず、中国中央電視台春節聯歓晩会にまで出演したこと、ダンス試合の中継放送もテレビで見られるようになっていることなどから、競技ダンスの存在感が強く感じられる。

　2018年の188教室というのは、日本に比べるとずっと少ないことがわかる。日本の社交ダンス総合情報サイト「シャルダン」で「ダンス教室」を検索すると318教室の情報が掲載されている。また、JBDFという一団体の認定ダンス教室だけでも142教室（2021年現時点）ある。日本と中国の人口数の巨大な差と併せて考えると、中国のダンス教室産業は発展させていける余地がまだ大きいと言えよう。

　ダンスに直接関わる産業のほかに、競技ダンスは新たなアパレル業をも派生させている。プロ選手であろうと趣味で踊る一般人であろうと、練習着、シューズと競技会で着る華やかなドレスと装飾用のアクセサリーなどを取り扱うオンライン情報とオンラインショップは、競技ダンスの参加者にとって不可欠な存在である。

　例として、日本のダンス用品の実店舗で一番有名なチャコットが挙げられる。70年近い歴史を持つダンス用品企業であるチャコットは、シューズ、ドレスや化粧品の生産販売以外に、プロダンス選手の衣裳のオーダーメイドや、メイク教室にも力をいれ、社交ダンス競技会のスポンサーとしても活躍している。

　一方で、中国にはこのような規模のダンス用品企業がなく、実店舗はほぼ個人経営で、一般人向けの値段が高くない品物の販売が主流である。特にオンラインショップが多く開設され、オンラインモールのタオバオで「国標舞（競技ダンス）」を検索すると30万件以上の商品情報が表示されている。日本のオンラインショップの場合は、楽天とアマゾンの「社交ダンス」の商品数はそれぞれ40,000件以上と6,000件以上とのことである。好評発売中のドレスや練習着をタオバオで検索すると、ほぼ中国製になっている。中国輸入品が商品全体に占める割合の高さから、中国のダンス用品企業が日本の競技ダンスの発展によって海外進出という絶好の機会を提供されていることがわかる。

　また日本では試合での髪上げとメイクをしてくれる美容院やヘアサロン、ダンス向けの練習場やレンタルスペースといった生活関連サービス業、練習

場や試合会場の周辺の飲食業、さらには遠征する場合の観光業など、競技ダンスから派生した産業が少なくない。

　しかし、中国製ダンス用品の繁栄とは反対に、これらの関連産業は中国では未開発のままである。中国のバイドゥで競技ダンス試合のヘアメイクを取り扱う専門店を検索しても、自分で髪上げをする方法に関する記事しか出てこない。自由練習ができるレンタルスペースは、基本的にダンススタジオが空いている間のみ貸し出し可能な教室に限られ、練習用のための専用施設はない。率先してこれらの業界の空白を埋める企業や個人の出現が期待されている。

三、競技ダンスの未来

　この章では、第二章の日中比較を踏まえて、今の時代における両国の競技ダンスの今後の発展について考察を行う。

3-1　比較から学べること

　ここまで見てきたように、中国と日本の競技ダンス界の一番大きな違いはプロの育て方にある。日本の協力のもとで競技ダンスを発展させてきた中国は、高度な組織化と専門化によってプロ競技ダンスの成績を急速にあげた。「青は藍より出でて藍より青し」というように、現在アジアのトップクラスに立つ実力を持っているものの、世界のフロアで活躍し、アジアパワーを魅せるにはまだ足りない。

　欧米のフロア制覇に挑戦するには能力だけではなく、自己アピールも必要とされており、言い換えると自分の流派を創出する上では、独特の文化と美学を顕わすことが肝心である。杜（2013）によると、現在の中国の競技ダンスは欧米のダンスに対する精度の高い模倣に留まり、標準化を追求するあまりに創造力に欠けている。

　どのようにそれをアジア人の身体能力、音楽の鑑賞力と芸術の表現方法に適応させ、競技ダンスを完全に吸収して転換するかは、中国だけが直面する課題ではない。そのため、両国の間で共同練習会や共同試合などのダンス交流活動を開くことには大きな価値がある。お互いのテクニックと訓練のカリキュラムを勉強し合うことによって、レベルの向上を果たし、ダンスへの理解を深めることができるだろう。

　また、仕組みでは、お互いの組織団体の働き方を参考にして、自らの組織

団体の改革を行うという改善手段がある。日本の競技ダンス団体をすぐ統合するのは難しいが、中国のCDSFとCBDFのように連携を強化し、まず競技会の協力体制を組むことを検討することは可能である。

と同時に、日本のダンス学連は中国側のダンスサークルの発展に見本を提供している。各大学のダンスサークルからなる自治団体の設立をめざし、全国的な規模のコネクションを構築すれば、近い将来に全国の大学生が同じフロアで競い合う熱戦が見られるだろう。

3-2　インターネット時代とアフターコロナ時代の啓発

ダンス人口の減少は、少子化と高齢化にも繋がっているが、ダンス界のみを対象に見ていくと、ダンス人口を増加させるためには常に話題づくりが必要である。

日本では、映画、テレビ番組、雑誌、漫画やアニメーションなどといった様々なメディアを介して社交ダンスが多くの人に紹介されている。『ボールルームへようこそ』、『背すじをピン！と〜鹿高競技ダンス部へようこそ〜』、『10DANCE』などの漫画は、社交ダンス界の関係者のほか、競技ダンスを知らない人々の中で大きな話題となり、漫画あるいはアニメを見てダンスに興味を持つようになる人が増えているという。

中国のほうは、特に「ダンスブーム」という舞踊の競演番組に出演したラテンダンスカップルの侯垚・庄婷が人気選手になり、彼らの出演を通して競技ダンスの魅力を感じることで子供をダンス教室に通わせはじめる親も続出している。

印刷の時代と放送の時代の宣伝方法は、基本的に実体のあるメディアに依存しており、その力には制限がある。情報化時代に入り、インターネットの力によってその手段が多様化されている。日本と中国では、SNSの公式アカウントを作るダンススタジオと、ダンス動画をアップロードするネットチャンネルがよく見られる。特に日本ではダンスに関連する記事を綴るダンスブログも人気を集めている。これはブログがだんだん衰えてきて、使用が頻繁ではなくなっている中国にはとても新鮮で懐かしい宣伝方法である。

近年ショートムービーアプリ「ティックトック」が若年層を中心に一大ブームとなり、ティックトックを通じて競技ダンスのテクニックを教えたり、試合の動画をシェアしたりするアカウントもいくつかある。このショートムービーの「シンプル」「早い」「わかりやすい」という特徴を生かし、SNSにおいて競技ダンスの存在感をさらに増やすことができる。

　また、インターネットは、アフターコロナ時代の競技ダンスの試合開催に新たな方法を提示した。2020 年の感染爆発で世界中のダンス競技会がほぼ中止となり、感染者の数が減ってきている 2021 年になって初めて一部の試合が再開された。とはいえ、マスク着用、観客数を減らすなどといったコロナ対策を取っても、開催地での緊急事態宣言により中止と延期が続出している。

　その対策として競技会は、現場観戦の代わりにライブ配信を行う「無観客競技会」もしくは、ダンスを録画して、その動画を見ることで審査を行う「オンライン競技会」という形になっている。

　無観客の会場は、選手の演技に不利である、オンライン審査は採点に影響を与えるのでは、と心配する声もあるが、これらの問題点は技術面で改善できることである。例えば歓声を模した音声を流したり、録画の場所と角度を規定したりするなどの解決策があった。工夫して対策を検討するのは運営団体の仕事となる。

　また無観客競技会の場合はライブ配信を行うことで、外国からの観戦も可能になる。前節で言及した中国と日本の共同練習会と共同試合も、インターネットを利用すれば、外国に行かなくてもダンスコミュニケーションができ、外国との共同活動にとっては便利になるだろう。

終わりに

　競技ダンスの世界トップを目指す日本と中国が、お互いの優れた技術と仕組みを学び、両国間のダンス交流を増加することによって国民の健康、芸術鑑賞力とダンス産業の経済価値などの向上を図ることが望まれている。

　元の競技環境に戻るまでには長い年月がかかるかもしれないが、アフターコロナ時代という新しい日常において、インターネットを利用した競技ダンス界がどこまで行けるのか期待している。

参考文献
（日本語文献）
　総務省統計局労働力人口統計室「平成 18 年社会生活基本調査 生活行動の「その他」項目 集計
　　結果と同項目の記入状況に関する分析について」、2007 年　https://www.hosei.ac.jp/toukei_
　　data/shuppan/g_shoho39_nagai.pdf（2021 年 10 月 15 日アクセス）
　総務省「平成 23 年社会生活基本調査 生活行動に関する結果 要約」、2012 年 7 月 13 日　http://
　　www.stat.go.jp/data/shakai/2011/pdf/houdou.pdf（2021 年 10 月 15 日アクセス）
　総務省「平成 28 年社会生活基本調査 生活行動に関する結果 結果の概要」、2017 年 7 月 14 日
　　https://www.stat.go.jp/data/shakai/2016/pdf/gaiyou.pdf（2021 年 10 月 15 日アクセス）

JDSF「ダンススポーツ振興中長期計画及び中間報告」、2019年6月23日　https://www.jdsf.or.jp/wp/wp-content/uploads/2019/06/M-L-TermPlanAndInterimReport.pdf（2021年10月15日アクセス）

CBDF「CBDF団体会員」、2021年7月15日　http://www.cbdf.cn/article/tuantihuiyuan.html（2021年10月15日アクセス）

LINK@TOYO「競技ダンスのリアルな世界。日本のトップ選手、吉川あみ、大西大晶に聞く」、2018年1月12日 https://www.toyo.ac.jp/link-toyo/sport/sports-dance/（2021年10月21日アクセス）

シャルダン https://social-dance.jp/sub/?cate=%E7%A4%BE%E4%BA%A4%E3%83%80%E3%83%B3%E3%82%B9%E6%95%99%E5%AE%A4&ev=（2021年10月21日アクセス）

JDSF「認定ダンス教室」、2021年8月16日 http://ninteidance.com/index.html（2021年10月21日アクセス）

（中国語文献）

杜静歌「中国国際標准舞現状及発展対策」九江職業技術学院学報、2013年

（英語文献）

WDSF "Professional Ballroom"、31 May 2019　https://www.dancesportinfo.net/Competition/Blackpool_Dance_Festival_2019_41384/Professional_Ballroom_641344/Results（2021年10月21日アクセス）

WDSF "Professional Latin"、30 May 2019　https://www.dancesportinfo.net/Competition/Blackpool_Dance_Festival_2019_41384/Professional_Latin_641343/Results（2021年10月21日アクセス）

1　「競技ダンス」と「社交ダンス」は定義上の違いを持つが、日常生活でははっきりとした区分をせず、「競技ダンス」を「社交ダンス」「スポーツダンス」「ボールルームダンス」と呼んでいる。本論は基本的に「競技ダンス」という言葉を使うが、参考資料が「社交ダンス」の場合はその呼び方に従うことにする。

2　新型コロナウイルスの感染爆発で2020年のブラックプールダンスフェスティバルが中止され、2021年に再開したが、出場選手の数が大幅に減少したため、ここでは2019年の結果を取り上げる。

3　認定ダンス教室数の情報は2015年から2018年までのデータしか掲載されていない。

4　社交ダンスのランクはA級が一番高く、B級、C級、D級の順でランクがつけられている（団体によってE級、F級などもある）。SAは特定の大会で優勝を続けた選手への名誉なランクで、基本的に現役A級の1組にしか与えられない。

日中関係学会主催「第10回宮本賞（学生懸賞論文）」募集要項

2021年6月

　日中関係学会では以下の要領で、「第10回宮本賞（学生懸賞論文）」の論文募集を行います。若い世代の皆さんが日本と中国ないし東アジアの関係に強い関心を持ち、よりよい関係の構築のために大きな力を発揮していただきたい。また日中関係学会の諸活動に積極的にご参加いただき、この地域の世論をリードしていってもらいたい。宮本賞はそのための人材発掘・育成を目的とし、2012年からスタートしました。今年は記念すべき第10回目となります。

　論文のテーマは日中の政治、経済、文化など幅広い分野を対象としています。専門性の高い研究論文ももちろん歓迎しますが、それだけに限りません。実践報告や体験談をレポート形式でまとめていただいても構いません。オリジナリティがあり、これからの日中関係について明確なメッセージを持った論文・レポートを期待しています。

　応募は「学部生の部」と「大学院生の部」に分かれており、審査によってそれぞれの部から最優秀賞1本、優秀賞若干本を選びます。また応募者多数の場合には、特別賞（若干本）をそれぞれに設けます。最優秀賞には副賞として10万日本円、優秀賞には3万日本円、特別賞には5000日本円（図書券）をそれぞれ贈呈します。また受賞者論文集を日本僑報社から発刊予定です。

　昨年の第9回宮本賞には、日本ならびに中国、アメリカから「学部生の部」で41本、「大学院生の部」で28本、合計69本の応募がありました。この中から「学部生の部」では最優秀賞1本、優秀賞4本、特別賞3本を選びました。また、「大学院生の部」では、最優秀賞1本、優秀賞2本、特別賞4本を選び、「学部生の部」、「大学院生の部」の合計で15本を選びました。

　このほか、特典として、受賞者全員に日中関係学会への入会資格が与えられます（大学院を含め、卒業まで年会費無料）。また、中国国内の各大学から応募し、受賞した方の中から、特に優れた論文を執筆された3〜4名を東京で開催の受賞者表彰式・若者シンポジウムに招待する予定（新型コロナウィルス収束が前提）です。

　第10回という節目の年を迎える宮本賞に、皆さん、奮ってご応募ください！

（宮本賞の詳細は http://nichuukankei.web.fc2.com/ を参照）

第10回宮本賞
推薦・指導いただいた主な団体・各大学の先生・過去受賞の皆様

諸団体

日本華人教授会議（代表：熊達雲）、NPO中国留学生交流支援・立志会（理事長：王紅）、九州中国研究会（会長：田中旬一）、中国現代史研究会（理事長：日野みどり）、中国日本語研究会（会長：周異夫）、日中交流研究所（所長：段躍中）、日本科学協会（会長：高橋正征）

日本の大学

阿古智子（東京大学大学院教授）、王敏（前法政大学教授）、郝燕書（明治大学教授）、勝山稔（東北大学教授）、菅野真一郎（東京国際大学特任教授）、川村範行（名古屋外国語大学特任教授）、刈間文俊（東京大学名誉教授）、郝仁平（東洋大学教授）、金群（早稲田大学教授）、黄磷（神戸大学教授）、朱建榮（東洋学園大学教授）、周瑋生（立命館大学教授）、高久保豊（日本大学教授）、高原明生（東京大学教授）、張兵（山梨県立大学教授）、露口洋介（帝京大学教授）、范云涛（亜細亜大学教授）、寶劔久俊（関西学院大学教授）、真家陽一（名古屋外国語大学教授）、薮内正樹（敬愛大学経済学部中国ビジネス総合研究所）、結城佐織（アメリカ・カナダ大学連合日本研究センター講師）、熊達雲（山梨学院大学教授）、俞敏浩（名古屋商科大学准教授）、劉永鴿（東洋大学経営学部教授）、吾妻重二（関西大学教授）

中国の大学

袁志海（西安外国語大学准教授）、王奕紅(南京大学教授)、王忻（杭州師範大学教授）、王建英（華東師範大学教授）、王書瑋（北京科技大学教授）、王静波（浙江工業大学講師）、郭挙昆（重慶師範大学教授）、郭連友（北京外国語大学教授）、夏晶（武漢大学准教授）、賈臨宇（浙江工商大学准教授）、姜弘（北京師範大学外文学院日文系准教授）、邢永鳳（山東大学教授・日本語学科主任）、高潔（上海外国語大学教授）、高希敏（大連民族大学講師）、黄育紅（華東理工大学准教授）、孔繁志（首都師範大学教授）、呉英傑（対外経済貿易大学外語学院准教授）、呉春燕（広東工業大学外国語学部准教授・副院長）、呉少華（西安外国語大学教授）、胡鳴（浙江省旅游職業学院教授）、呉琳（西安交通大学外国語学院日語系専任講師）、蔡建国（同済大学教授）、時代（瀋陽大学准教授）、謝秦（上海外国語大学准教授）、肖霞（山東大学教授）、肖平（浙江工

商大学教授）、蒋芳婧（天津外国語大学高級翻訳院准教授）、鄒双双（中山大学准教授）、盛文忠（上海外国語大学教授）、範大磊（北京大学副教授）、銭昕怡（中国人民大学准教授）、孫偉（首都師範大学准教授）、宋剛（北京外国語大学准教授）、孫若聖（東華大学准教授）、湯伊心（海南師範大学講師）、張艶萍（西北大学教授）、張彦麗（北京大学准教授）、張建（上海外国語大学日本文化経済学院教授・副院長）、張厚泉（上海財経大学教授）、張平（四川大学准教授）、沈海涛（吉林大学国際政治研究所教授）、陳毅立（同済大学准教授）、陳雪（華東理工大学講師）、陳多友（広東外語外貿大学教授）、丁紅衛（北京外国語大学北京日本学研究センター准教授）、程莉（武漢大学講師）、竇心浩（上海外国語大学教授）、鄧超群（湖南大学助教）、任川海（上海外国語大学准教授）、林工（上海外国語大学外国人教員）、馬永平（西南民族大学教授・外国語学院副院長）、潘蕾（北京外国語大学北京日本学研究センター准教授）、母育新（西安外国語大学教授）、彭曦（南京大学准教授）、葉琳（南京大学教授）、李静（瀋陽師範学院講師）、李東軍（蘇州大学教授）、李斌（南京大学講師）、劉芳（大連外国語大学准教授）、呂雷寧（上海財経大学准教授・院長輔佐）

過去受賞者

江暉（中山大学外国語学院副教授、第2回最優秀賞）、方淑芬（日本大学、第4回最優秀賞）、張鴻鵬（信陽師範学院教授、第4回優秀賞）、勾宇威（中国人民大学、第5回特別賞）、陳星竹（北京大学、第6回特別賞）、朱杭珈（一橋大学、第6回特別賞）、王羽晴（中山大学、第7回最優秀賞）、邱吉（関西大学、第7回優秀賞）、李嫣然（南京大学、第7回優秀賞）

第10回宮本賞　審査委員会・実行委員会メンバー

審査委員会

審査委員長：宮本雄二（元駐中国大使、日中関係学会会長）

審査委員（学部生の部）：大久保勲（福山大学名誉教授、日中協会顧問、中国経済経営学会顧問、中国研究所顧問）、柴田哲雄（愛知学院大学教養部准教授）、杉本勝則（元参議院法制局法制主幹、日中関係学会理事、アジア・ユーラシア総合研究所研究員）、露口洋介（帝京大学経済学部教授、日本銀行初代北京事務所長、日中関係学会評議員）、林千野（双日株式会社秘書部担当部長中国・北東アジア担当、日中関係学会副会長）、藤村幸義（拓殖大学名誉教授、日中関係学会監事）、武小燕（愛知大学国際問題研究所・客員研究員、中京大学教養教育研究院・非常勤講師、日中関係学会評議員）

審査委員（大学院生の部）：
安井三吉（神戸大学名誉教授、神戸華僑歴史博物館館長（代行）、孫文記念館名誉館長、日中関係学会理事）、加藤青延（元NHK解説委員、日中関係学会副会長）、国吉澄夫（元東芝中国室長、日中関係学会副会長）、高山勇一（元現代文化研究所常務取締役、日中関係学会顧問）、村上太輝夫（朝日新聞オピニオン編集部解説面編集長、日中関係学会理事）、吉田明（前清華大学外国語学部日本語教員、元朝日新聞記者、日中関係学会会員）

実行委員会

委員長：林千野

副委員長：国吉澄夫、村上太輝夫、川村範行、伊藤正一

委員：内田葉子、高山勇一、三村守、方淑芬、朱杭珈、江越眞、藤村幸義

これまでの主な応募大学一覧

中国大陸の大学（あいうえお順）

- ●青島大学（山東）　●青島濱海学院（山東）　●煙台大学（山東）
- ●外交学院（北京）　●嘉興学院（浙江）　●華東師範大学（上海）
- ●華東理工大学（上海）　●華南師範大学（広東）　●広東外国語外貿大学（広東）
- ●広東工業大学（広東）　●広東財経大学（広東）　●広西城市職業大学（広西）
- ●曲阜師範大学（山東）　●吉林大学（吉林）　●吉林華僑外国語学院（吉林）
- ●杭州師範大学（浙江）　●江西理工大学（広西）　●国際関係学院（北京）
- ●湖南大学（湖南）　●湖南師範大学（湖南）　●三江大学（江蘇）
- ●山東大学（山東）　●山東財経大学（山東）　●四川外国語大学（重慶）
- ●四川軽化工業大学（四川）　●上海外国語大学（上海）　●上海海事大学（上海）
- ●上海交通大学（上海）　●上海財経大学（上海）　●上海師範大学（上海）
- ●上海商学院（上海）　●重慶師範大学（重慶）　●首都師範大学（北京）
- ●瀋陽工業大学（遼寧）　●信陽師範学院（河南）　●西安外国語大学（陝西）
- ●西安交通大学（陝西）　●清華大学（北京）　●西南大学（重慶）
- ●西南民族大学（四川）　●西北大学（陝西）　●浙江工業大学（浙江）
- ●浙江工商大学（浙江）　●蘇州大学（江蘇）　●対外経済貿易大学（北京）
- ●大連外国語大学（遼寧）　●大連民族大学（遼寧）　●中国江南大学（江蘇）
- ●中国人民大学（北京）　●中国政法大学（北京）　●中山大学（広東）
- ●中南大学（湖南）　●長春師範大学（吉林）　●天津外国語大学（天津）
- ●天津科学技術大学（天津）　●天津師範大学（天津）　●東華大学（上海）
- ●同済大学（上海）　●南開大学（天津）　●南京大学（江蘇）　●南京工業大学（江蘇）
- ●南京師範大学（江蘇）　●南通大学（江蘇）　●武漢大学（湖北）
- ●復旦大学（上海）　●北京大学（北京）　●北京外国語大学（北京）
- ●北京科技大学（北京）　●北京師範大学（北京）
- ●北京第二外国語学院（北京）　●北京理工大学（北京）　●遼寧師範大学（遼寧）

これまでの主な応募大学一覧

日本国内の大学 （あいうえお順）

- 愛知大学　　●愛知県立大学　　●青山学院大学　　●亜細亜大学
- アメリカ・カナダ大学連合日本学研究センター　　●大阪大学　　●桜美林大学
- 神奈川大学　　●関西大学　　●関東学院大学　　●関西外国語大学　　●九州大学
- 京都大学　　●京都外国語大学　　●杏林大学　　●慶応義塾大学　　●神戸大学
- 静岡県立大学　　●大東文化大学　　●拓殖大学　　●東京大学　　●東京外国語大学
- 東京学芸大学　　●東京工業大学　　●東京都立大学　　●東北大学　　●東洋大学
- 中央大学　　●同志社大学　　●名古屋大学　　●名古屋学院大学　　●日本大学
- 二松学舎大学　　●一橋大学　　●北海道大学　　●明海大学　　●明治大学
- 名城大学　　●明星大学　　●山梨県立大学　　●横浜国立大学　　●立教大学
- 立命館大学　　●麗澤大学　　●早稲田大学

第1回宮本賞受賞者 (2012年)

最優秀賞 (1編)

謝宇飛 (日本大学大学院商学研究科博士前期課程2年)
　アジアの未来と新思考経営理論 —「中国発企業家精神」に学ぶもの—

優秀賞 (2編)

宣京哲 (神奈川大学大学院経営学研究科博士後期課程修了)
　中国における日系企業の企業広報の新展開 —「期待応答型広報」の提唱と実践に向けて—

馬嘉繁 (北海道大学大学院経済学研究科博士後期課程)
　中国国有企業における民主的人事考課の実相 —遼寧省における国有銀行の事例分析—

奨励賞 (3編)

周曙光 (法政大学大学院人文科学研究科修士課程2年)
　清末日本留学と辛亥革命 —留学ブームの成因及び辛亥革命への影響の一考察—

長谷亮介 (法政大学大学院人文科学研究科博士後期課程1年)
　現状において日中関係を阻害する要因の考察と両国の将来についての展望

山本美智子 (中国・清華大学国際関係学研究科修士課程)
　日中国交正常化以降の両国間の経済貿易関係
　—日中経済貿易関係に影響を与える政治要因を分析する—

努力賞 (1編)

沈道静 (拓殖大学国際学部4年)　尖閣問題を乗り越えるには

第2回宮本賞受賞者 (2013年)

最優秀賞 (1編)

江暉 (東京大学学際情報学府III博士課程)　中国人の『外国認識』の現状図
　〜8ヶ国イメージ比較を通じて日本の位置づけに焦点を当てて

優秀賞 (3編)

長谷川玲奈 (麗澤大学外国語学部4年)
　中国人富裕層をターゲットとするメディカルツーリズムの可能性
　〜亀田総合病院の事例研究を中心に〜

周会 (青島大学日本語学部3年)　冬来たりなば春遠からじ —中日関係への体験談—

佐々木亜矢 (愛知大学現代中国語学部卒業、中青旅日本株式会社中部営業本部勤務)
　華僑・華人のアイデンティティについて —変化し続けるアイデンティティ—

佳作 (4編)

鈴木菜々子 (明治大学経営学部4年)
　中国における日系小売業の企業内教育に関する一考察 —CIY社の事例より—

劉暁雨 (立命館アジア太平洋大学アジア太平洋学部4年)
　心の繋がりからみる東アジア平和的な未来

桑建坤 (西南大学4年)　中日両国の社訓に関する対照考察

龔癸瓏 (上海外国語大学研究生部修士課程卒業)
　中国市場におけるユニクロの成功要因 —ブランド構築を中心に—

第3回宮本賞受賞者（2014年）

最優秀賞（1編）

間瀬有麻奈（愛知県立大学外国語学部中国学科4年）　日中間の多面的な相互理解を求めて

優秀賞（6編）

佐々木沙耶（山梨県立大学国際政策学部3年）
日中間における歴史教育の違いに関する一考察

陸小璇（中国人民大学4年）
日本人の『甘え』心理の働き方 ―漫画『ドラえもん』を中心に―

韓静ほか6人（日本大学商学部3年）
日本における外国人学生の就職と大学の支援施策に関する一考察

陳嵩（東京大学大学院学際情報学府博士課程後期課程5年）
尖閣諸島（釣魚島）問題をめぐる反日デモに対する中国民衆の参加意欲
および規定要因に関する所得階層ごとの分析

丁偉偉（同志社大学大学院社会学研究科博士後期課程2年）
日中関係促進とテレビ番組の役割に関する一考察
―中国中央テレビ『岩松が日本を見る』の分析を例に―

王鳳陽（立命館大学・政策科学研究科・D2）
食品安全協力の視点から日中関係の改善を考える

佳作（5編）

丸山健太（早稲田大学政治経済学部国際政治経済学科3年、北京大学国際関係学院双学位留学生）
中国における非効率的市場の存続
―売り手の行動に着目したゲーム理論的分析とその原因の考察―

渡辺航平（早稲田大学法学部3年、北京大学国際関係学院）
僕らの日中友好@北京活動報告レポート

耿小蘅（中国人民大学日本語学科13年卒業）
日本メディアの中国進出についての研究
―『朝日新聞中文網』の中国報道記事を中心に―

王暁健さん（中国人民大学国際関係学院外交学系大学院1年）
中日協力の視点から見る東アジア経済一体化の可能策

張鶴達（神戸大学大学院法学研究科国際関係論研究生）
日本の対中政策における支援と抑止 －長期的戦略と短期的目標－

第4回宮本賞受賞者（2015年）

最優秀賞（1編）

方淑芬（日本大学商学部3年）、董星（同4年）、関野憲（同3年）、
陳文君（同3年）、小泉裕梨絵（同2年）、姜楠（同2年）
日中経済交流の次世代構想　～華人華僑の新しい日本展開を巡って～

優秀賞 （7編）

幡野佳奈 （山梨県立大学国際政策学部4年）
　日中映画交流の歴史と意義 〜高倉健の事例を中心に〜

倪木強 （日本大学商学部3年）、佐藤伸彦 （同4年）、
趙宇鑫 （同3年）、韓姜美 （同3年）、林智英 （同2年）
　日本企業は中国リスクをどう捉えるか
　〜中国労働者の権利意識に関するアンケート調査からの示唆〜

福井麻友 （明治大学経営学部4年）
　在中日系企業の中間管理者の確保に関する一考察

張鴻鵬 （名城大学法学研究科博士課程後期3年）
　陸軍中将遠藤三郎の『非戦平和』思想と日中友好活動

龍蕾 （広東外語外貿大学東方言語文化学院日本語言語文化研究科博士課程前期2年）
　中国清朝末期における福沢諭吉認識への一考察

堀内弘司 （早稲田大学アジア太平洋研究科博士課程2015年3月修了）
　中国在住の日本人ビジネスパーソンらの異文化社会適応のアスペクト
　―Swidlerの『道具箱としての文化』の理論を援用した考察―

胡優 （立命館大学大学院政策科学研究科博士課程前期2年）
　日中韓三国の排出権取引制度のリンクについて

佳作 （5編）

西野浩尉 （明治大学経営学部4年）
　日中企業の評価制度比較と企業経営への影響

艾鑫 （北京師範大学外国言語文学学院4年）
　戦後国民党対日賠償放棄の出発点についての研究
　―蒋介石『以徳報怨』の方針と賠償請求権の放棄をめぐって

盧永妮 （北京外国語大学北京日本学研究センター社会コース博士課程前期2年）
　21世紀初頭における日本経済界の対中認識について

宋鄧鵬 （広東外語外貿大学東方言語文化学院日本語言語文化研究科博士課程前期1年）
　中国人の爆買いをめぐる一考察

李書琴 （北京外国語大学北京日本学研究センター社会コース博士課程前期2年）
　中日関係における国家中心主義及びその衝撃

第5回宮本賞受賞者 （2016年）

最優秀賞 （2編）

苑意 （東京大学教養学部3年）、李文心 （同3年）
　日中外交関係の改善における環境協力の役割 ―歴史と展望―

楊湘云 （北京第二外国語学院日本語言語文学研究科2015年7月卒業）
　21世紀中国における日本文学翻訳の特徴 〜文潔若『春の雪』新旧訳の比較を通して〜

優秀賞 （6編）

高橋豪 （早稲田大学法学部3年）
　日中関係のカギを握るメディア ―CRI日本語部での経験を交えて―

王嘉龍（北京第二外国語学院日本語学部2016年7月卒業）
　日系企業の中国進出についての文化経営研究 —ユニクロを例にして—

宮嵜健太（早稲田大学商学部1年）
　『草の根』の日中関係の新たな構築 ～農業者、農協の交流を通して～

田中マリア（早稲田大学政治学研究科博士課程後期2016年3月満期退学）
　日中関係における競争と協力のメカニズム ～アジア開発銀行（ADB）と
　アジアインフラ投資銀行（AIIB）の相互作用を事例として～

李坤（南京大学外国語学部博士課程前期2年）　中日におけるパンダ交流の考察

賈玉龍（大阪大学大学院人間科学研究科博士課程後期1年）
　草の根からの日中平和 —紫金草平和運動を中心に—

特別賞（7編）

渡邊進太郎（日本大学商学部3年＝代表）、岡野正吾（同4年）、
河合紗莉亜（同2年）、橋本清汰（同2年）、山口掌（同2年）
　ハイアールのネット化戦略を読み解く —日立、アイリスオーヤマとの比較を中心に—

戴岑仔（上海外国語大学日本文化経済学院4年）　日中における東アジアFTA政策

小泉裕梨絵（日本大学商学部3年＝代表）、原田朋子（同4年）、林智英（同3年）、
池田真也（同3年）、伊東耕（同2年）、仲井真優豪（同2年）
　アリババが生む中国的ビジネスイノベーション —ビジネス・エコシステムの新展開—

岩波直輝（明治大学経営学部4年）　爆買いの衰退から見る日中関係

エバン・ウェルス（アメリカ・カナダ大学連合日本研究センターウィスコンシン大学
　マディソン校歴史学部博士課程後期3年）
　大豆貿易の政治的商品への過程 —日中の協力と競争をめぐって—

勾宇威（北京師範大学歴史学院博士課程前期1年）
　歴史認識と中日の未来 ～歴史に学び、歴史に束縛されないように～

村上昂音（東京外国語大学総合国際学研究科博士課程後期2年）
　日中における生活系廃棄物減量化について
　～ベストプラクティスに見るゴミを減らすためのソリューション～

第6回宮本賞受賞者（2017年）

最優秀賞（1編）

浦道雄大（横浜国立大学経済学部3年）　日中経済とシェアリングエコノミー

優秀賞（7編）

河合紗莉亜（日本大学商学部3年＝代表）、魏英（同3年）、山口掌（同3年）、有田俊稀（同2年）、大平英佑（同2年）、影浦秀一（同2年）、伴場小百合（同2年）、山縣涼香（同2年）、山中舜（同2年）
　訪日中国人に伊豆の国市の魅力を伝える ～中国人留学生とのパンフレット作製を通じて～

山本晟太（大阪大学外国語学部4年）
　フィールドを通じて深まる日中相互理解と協働関係構築への試み
　～雲南省でのフィールドワークを例に～

王婧瀅（清華大学人文学部3年）
　中日国民関係の改善におけるメディアの役割 〜落語『死神』からの発想〜

張嘉琳（明治大学経営学部4年）
　在中国日系企業における現場改善活動に関する一考察

白宇（南京大学外国語学院博士課程前期2年）、坂井華海（九州大学大学院地球社会統合科学府博士課程前期1年）
　日本語を専門とする中国人学生の日本語学習動機と習得状況の関係
　〜蘭州理工大学と南京大学の比較を通して〜

徐博晨（東京大学大学院総合文化研究科博士課程後期4年）
　北朝鮮核問題におけるアメリカの外交戦略と中国と日本の役割
　〜強制外交及び安心供与の視点から

陶一然（立命館大学社会学研究科博士課程前期1年）
　日中戦争初期における中国世論の影響
　〜『申報』から見る中国『徹底抗戦』世論の形成と戦争の拡大

特別賞（8編）

朱杭珈（中国嘉興学院外国語学院2016年卒）
　三ツ星『日中民間交流活動』作り方探索〜日中民間交流活動のあり方についての体験談〜

長澤成悟（日本大学商学部3年＝代表）、池田真也（同4年）、黄鶯（同3年）、谷口滉（同3年）、金子拓斗（同2年）、結城里菜（同2年）
　中国・日本のメイカームーブメントから探るモノづくりの新たな一断面
　〜衆創空間の深化に着目して〜

陳星竹（西安交通大学外国語学部2017年6月卒業）
　テキストマイニングに基づく日本外交談話の分析
　〜外務省記者会見における談話を例として〜

趙書心（上海外国語大学日本文化経済学院2017年6月卒業）
　太宰治『十二月八日』におけるアイロニー

中島大地（一橋大学大学院言語社会研究科博士課程前期2年）
　青年層における日中文化交流の現状と展望
　〜小説、映画、アニメ、伝統文化、観光の概観を通して〜

丹波秀夫（復旦大学外国語学院日語語言文学系博士課程2年）
　中国の日本語学科生における学習動機の変遷と教師の役割についての考察
　〜学習継続プロセスの仮説モデル提起の試み〜

周渝陽（武漢大学外国語言文学学院博士課程前期3年）
　大正期の総合雑誌における五四運動の捉え方
　〜1919年の『中央公論』と『太陽』を中心に〜

宋暁煜（名古屋大学大学院国際言語文化研究科博士課程後期満期退学）
　スペンサーの進化論の翻訳と重訳
　〜日本語訳『政法哲学』とその二つの中国語訳をめぐって〜

第7回宮本賞受賞者（2018年）

最優秀賞（2編）

王羽晴（中山大学外国語学部日本語学科4年）
　新たな時代の中国における日本文化の流行
　　〜時代・国家・企業・メディアと個人からの考察〜

李国輝（早稲田大学アジア太平洋研究科博士課程後期4年）
　国際緊急援助と災害外交　〜四川大震災後における日中の地震外交〜

優秀賞（5編）

劉崢（南開大学外国語学院日本言語文学科2年）
　中日モバイル決済の比較研究

山宮朋美（明治大学経営学部3年＝代表）、荻原菜都子（同3年）、中村悠河（同3年）、阿部アン
ドレ（同3年）、黄嘉欣（同3年）
　アメーバ経営の中国導入の考察

李嫣然（南京大学外国語学部日本語科博士課程前期2年）
　中国の日本ブームにおけるセルフメディアの有様と役割
　　〜2014年から2017年にかけて〜

邱吉（関西大学東アジア文化研究科博士課程前期2年）
　王一亭の日本交友からみた日中関係と今後への模索
　　〜水野梅暁・長尾雨山・山本竟山を中心に〜

張姝蕊（遼寧師範大学外国語学部日本語科博士課程前期1年）
　日本の文化財保護に関する一考察及び中国への啓発

特別賞（7編）

呉沁霖（同済大学外国語学部日本語学科3年）
　日中関係と介護サービス

大西達也（明治大学経営学部4年）
　なぜ中国ではスタートアップ・ベンチャー企業が育ちやすいのか？

結城里菜（日本大学商学部3年＝代表）、黄鷺（同4年）、有田俊稀（同3年）、李鍾榮（同3年）、
加藤司（同3年）、孔繁羽（同3年）、王思鋭（同2年）、武田実沙子（同2年）
　ロボットが繋ぐ日中関係
　　〜広がる「中国智造」への波〜

邵馨儀（上海外国語大学日本文化経済学院日本語科2018年6月卒業）
　翻訳における人工知能の応用と啓示

王継洲（早稲田大学社会科学研究科博士課程後期4年）
　蠟山政道の東亜協同体論
　　〜日中戦争を収拾する手段として〜

文佰平（大連外国語大学日本語学院日本語言語文学科博士課程前期3年）
　「訳文学」理論に基づく日本現代詩歌の中国語訳について
　　〜日本の「三行情書」を中心に〜

張鳳熙（武漢大学外国語学院日本語言語研究科2018年6月卒業）
　知の越境　〜中国新聞学草創期における日本新聞学著作の受容〜

第8回宮本賞受賞者（2019年）

最優秀賞（1編）

鈴木日和（慶應義塾大学法学部政治学科2年）
日本の若年層を中心とする対中世論改善の可能性

優秀賞（6編）

辜傲然（上海師範大学外国語学部日本語学科3年）
近代日本のアジア主義とその現代における可能性

査怡彤（東洋大学経済学部国際経済学科3年）
地域創生に着目した日中学生から発信する文化交流事業
〜新たな交流でグローバル人材を育成〜

橋本紗弥（日本大学商学部3年＝代表）、岩渕晶（同3年）、孔繁羽（同3年）、楊旻昊（同3年）、
川内皓平（同3年）、柴田大成（同3年）、齊藤隆太（同3年）、林冠璇（同3年）
民泊ビジネス飛躍への示唆　〜途家（トゥージア）の経営手法に着目して〜

劉毅（中山大学外国語学院日本語言語文学研究科博士課程前期2年）、盤大琳（同2年）
中国における2020年東京五輪に関するネット世論の研究
〜ウェイボー内容の感情分析に基づき〜

楊亜楠（早稲田大学社会科学研究科博士課程後期4年）
中国男女別定年制及びその改正に関する研究
〜日本の裁判例による示唆に基づいて〜

馬雲雷（北京外国語大学北京日本学研究センター博士課程前期2年）
方正県石碑事件についての一考察

特別賞（7編）

向宇（海南師範大学外国語学院日本語専攻2019年6月卒）
日本マンゴー産業のブランド化を例に　〜海南マンゴー産業発展の考察〜

王潤紅（湖南師範大学外国語学院日本語学部3年）、高慧（同3年）、田原（同3年）
中国における日本映像ファンサブの現状調査

末次礼奈（明治大学経営学部3年＝代表）、森山凌平（同3年）、川辺瑠美（同3年）、
小嶋巴幾（同3年）、王錦濤（同3年）
製造ライン自動化における多能工人材の存在意義を問う
〜中国からはじまる自動化〜

羅静雯（広東工業大学外国語学院日本語学部4年）
食卓上の精神

周晨曦（上海外国語大学日本文化経済学院日本近現代文学研究科博士課程後期2018年6月卒業）
武田泰淳の「侠女」世界　〜『十三妹』論〜

韓亦男（南京大学外国語学院日本語比較文学研究科博士課程前期2年）
中国都市ゴミ処理の課題　〜日本のゴミ分別に何を学ぶか〜

韓梅（華東理工大学外国語学院日本語研究科博士課程前期1年）
ゴミ分別で何が変わる？　〜「食品ロス」削減への提案〜

第9回宮本賞受賞者（2020年）

最優秀賞（2編）

吉田泰地（日本大学商学部経営学科3年＝代表）、楊旻昊（同3年）、内田海斗（同3年）、
佐藤藍里（同3年）、伴場順美（同2年）、檜山かな子（同2年）、松室直友樹（同2年）
　　中国でドローン産業が育つのはなぜか？　～日本ドローン産業育成への示唆～

南部健人（北京大学大学院中国語言文学部中国近現代文学専攻博士課程前期2020年1月修了）
　　老舎の対日感情の変化　～「日中友好」を再考する～

優秀賞（6編）

劉牧原（中国人民大学外国語学部日本語学科3年＝代表）、肖蘇揚（同外国語学部日本語学科3年）、
何暁華（同財政金融学部金融学科3年）、潘雨蔵（同外国語学部英語学科3年）、
陳諾（同外国語学部英語学科3年）
　　日本人大学生の対中認識とその影響要因に関する一考察
　　～中国留学経験の有無の比較を中心に～

杜沁怡（浙江工業大学外国語学部日本語学科4年）
　　日中比較による中国アニメ産業の一考察

于明珠（上海外国語大学日本文化経済学院日本語学科2020年6月卒業）
　　改革開放後における和製漢字語の中国への流布と影響

鮑瑜欣（中国人民大学外国語学院日本語学科3年）、白氷玉（同3年）、李楽涵（同3年）
　　中国メディアの日本関連新型コロナ報道にみる日本の国家イメージ　～環球網を例に～

王風（二松学舎大学文学研究科博士課程前期1年）
　　夏目漱石の漢詩について　～言語と思想の特徴および漢文学からの影響～

岡本紀笙（北京大学大学院燕京学堂1年）
　　人道的観点に立脚した日中関係の構築へ向けて
　　～日中政府間の歴史認識問題を事例として～

特別賞（7編）

林悦（華東理工大学外国語学部日本語科2020年6月卒業）
　　日本のサブカルチャーにおける役割語の使用と翻訳
　　～ゲーム『ダンガンロンパ』を用いて～

飯田由樹（明治大学経営学部経営学科4年）
　　自動車産業におけるビジネスモデルの一考察　～中国の外資開放の意味とは～

任依婷（北京外国語大学日本語学部2020年6月卒業）
　　戦時期日本の婦人雑誌にみる植民地主義
　　～『主婦之友』における中国関連記事の分析を中心に～

李珏（北海道大学国際広報メディア・観光学院博士課程後期3年）
　　映画の公開状況から見る日中両国の相互理解上のギャップ

武鐘吉（アメリカ・カナダ大学連合日本研究センター2020年8月修了）
　　満鉄と近代中国の工業化　～中日関係における展望～

王慧（北京外国語大学日本学研究センター博士課程前期2年）
　　南原繁の大学教育論　～中国における大学教育の現状に対する啓発～

張語鑠（北京外国語大学日本学研究センター文化コース博士課程前期2年）
　　日本の歴史的観光地に対する中国人観光客の評価に関する考察　～浅草寺を例に～

■監修　元中国大使 宮本雄二（みやもと ゆうじ）

1969年外務省入省。以降3度にわたりアジア局中国課に籍を置くとともに、北京の在中華人民共和国日本国大使館駐在は3回を数える。90年から91年には中国課長を、2006年から10年まで特命全権大使を務める。このほか、85年から87年には軍縮課長、94年にはアトランタ総領事、01年には軍備管理・科学審議官、02年には駐ミャンマー特命全権大使、04年には沖縄担当大使を歴任。現在は宮本アジア研究所代表、日中友好会館会長代行、日本日中関係学会会長。著書に『これから、中国とどう付き合うか』（日本経済新聞出版社）、『激変ミャンマーを読み解く』（東京書籍）、『習近平の中国』（新潮新書）、『強硬外交を反省する中国』（PHP新書）、『日中の失敗の本質——新時代の中国との付き合い方』（中公新書ラクレ）。

■編者　日本日中関係学会

21世紀の日中関係を考えるオープンフォーラムで、「誰でも参加できる」「自由に発言できる」「中国の幅広い人々と交流していく」をキャッチフレーズに掲げている。主な活動としては、①研究会・シンポジウムを随時開催、②毎年、「宮本賞」学生懸賞論文を募集、③学生を中心とした青年交流部会を開催、④ビジネス実務者による中国ビジネス事情研究会の開催、⑤ホームページ「中国NOW」で、中国の政治・経済などの情報を提供、⑥newsletter（年3回）の発行、などがある。会員は約500名。

The Duan Press

若者が考える「日中の未来」vol.8

ポストコロナ時代における
中国オンラインツアー産業の現状と展望
—第10回宮本賞 受賞論文集—

2022年3月26日　初版第1刷発行

監　修　　元中国大使 宮本雄二（みやもと ゆうじ）
編　者　　日本日中関係学会
発行者　　段景子
発売所　　株式会社日本僑報社
　　　　　〒171-0021 東京都豊島区西池袋3-17-15
　　　　　TEL03-5956-2808　FAX03-5956-2809
　　　　　info@duan.jp
　　　　　http://jp.duan.jp
　　　　　e-shop「Duan books」
　　　　　https://duanbooks.myshopify.com/

2022 Printed in Japan.　　ISBN978-4-86185-320-3　　C0036

中国人の日本語作文コンクール

────── 受賞作品集 シリーズ一覧 ──────
❶日中友好への提言2005
❷壁を取り除きたい
❸国という枠を越えて
❹私の知っている日本人
❺中国への日本人の貢献
❻メイドインジャパンと中国人の生活
❼蘇る日本！ 今こそ示す日本の底力
❽中国人がいつも大声で喋るのはなんでなのか?
❾中国人の心を動かした「日本力」
❿「御宅(オタク)」と呼ばれても
⓫なんでそうなるの？
⓬訪日中国人「爆買い」以外にできること
⓭日本人に伝えたい中国の新しい魅力
⓮中国の若者が見つけた日本の新しい魅力
⓯東京2020大会に、かなえたい私の夢！
⓰コロナと闘った中国人たち

日本語作文コンクールHP
http://duan.jp/jp/

大反響!!

中国政治経済史論

胡鞍鋼……著

日中翻訳学院
本書翻訳チーム……訳

毛沢東時代

A5判 712頁（上製本） 16000円＋税
ISBN 978-4-86185-221-3 C0036

鄧小平時代

A5判 724頁（上製本） 18000円＋税
ISBN 978-4-86185-264-0 C0036

毎日新聞（2018年1月14日）
橋爪大三郎氏書評掲載

橋爪 大三郎 評

中国政治経済史論
毛沢東時代(1949〜1976)

胡鞍鋼（日本僑報社・1万7780円）

データで明らかにする新中国の骨格

アメリカを抜く、世界最大の経済に迫る中国。その波乱の現代史を、指導者らの実像を織り込んで構成する大作だ。ぶ厚い二巻本の前半、毛沢東時代の部分が今回訳出された。

著者・胡鞍鋼教授は、中国指折りの経済学者。文化大革命で生じた、どれだけ災厄をもたらしたか、また改革開放がいかに可能となり、どれだけ成長をもたらしたかを、政府統計や党の文書を精査して洗い出した。信頼すべきデータと方法に基づき、新中国の政治経済史の骨格を明らかにする。本格的業績だ。

《毛沢東個人の意見が全党で可決した決議とぶつかった時に可決した決議とぶつかった時には前者が優先され、指導者個人の一四分の一に相当する》という。このほか、教育機会を奪われた人材の喪失や人心の荒

で、東北の農村で七年間の辛酸をなめ、入試が復活するや猛勉強で理工系大学に合格。その後経済学を独学でマスターし、認められて米国に留学し、帰国後は清華大学のシンクタンク「国情研究中心」を舞台に、膨大な著書や提言を発表し続けている。

中国の経済は政治と不可分である。それを熟知する著者は、党や政府の幹部に向けた政策レ

ポートを書き続けつつ、政治との密接不可分な関係を検証する「歴史」研究こそ経済の本質に届くのだと思い定める。そこで、文化大革命がどういう原因をかけたのか。《一九五二〜一九七八年の間に工業総生産は一七倍に増加し、年平均成長率は一一・三

データで明らかにする新中国の骨格

コ入れした。大躍進の責任を過少奇の打倒を決意させ、資本主義復活を企む実権派と戦う共産党内の階級闘争が始まった。九五七〜一九七八年に対し《一九五七〜一九七八年に対し《一九五七〜一九七八年が五・四%》《政策決定の誤りによる経済損失が、経済成長率の三分という。このほか、教育機会を奪われた人材の喪失や人心の荒

年で英米に追いつくとぶち上げた。党中央は熱に浮かされた。ノルマは下級に伝えられるたび膨らみ、無能と思われないために水増し報告が積み上がった。大暴作、大増産の一人歩きだ。人民公社の食堂の食べ放題も輪をかけた。大飢饉が始まり、餓死者は一千五百万人に達した。劉少奇は人民公社を手直しし、家族に責任を持たせて生産をテ

革命の渦で劉少奇が命を失い、鄧小平が打倒され、林彪が失脚し、多くの党員が悲惨な運命に見舞われた。この異様な党のあり方を深刻に反省した鄧小平は、のちに改革開放で党の何をどう変えるのか。《一九五二〜一九七八年の間に工業総生産は一七倍に増加し、年平均成長率は一一・三

毛沢東時代をどう評価すべきか。

毛沢東の歴史的評価は中国では、現在でも「敏感」な問題である。胡教授は公平、客観的・科学的に、この問題を追い詰めごした経験と、経済学者として、動乱の渦中で青年期を過ごした経験と、党関係の膨大な資料を読み抜いた本書は、待望の中国の自己認識の書だ。日本語訳文も正確で読みやすい。中国関連の必須図書として、全国のなるべく多くの図書館に一冊ずつ揃えてもらいたい。

（日中翻訳学院 本書翻訳チーム訳）

%化。《「文化大革命」の空文が改革開放を始めた直接の動機であり、政治的・社会的安定を保つことができた根本的要因でもあった》。文革はこの中国人びとは教訓を学んだのだ。文革はこの根本的要因から、人びとは教訓を学んだのだ。

廃、社会秩序の混乱も深刻だった。毛沢東の失政がもたらしたのは体制の欠陥だと著者は言う。党規約の空文化。《「文化大革命」の空文

シリーズ第3段 江沢民時代 2022年出版決定！

日本僑報社好評既刊書籍

この本のご感想を
お待ちしています!

本書をお買い上げいただき、誠にありがとうございます。
本書へのご感想・ご意見を編集部にお伝えいただけますと幸い
です。下記の読者感想フォームよりご送信ください。
なお、お寄せいただいた内容は、今後の出版の参考にさせてい
ただくとともに、書籍の宣伝等に使用させていただく場合があ
ります。

日本僑報社 読者感想フォーム

http://duan.jp/46.htm

- -

日本僑報社のご案内

新刊情報やコンクールやイベントのご案内、メディア掲載情報
など、弊社の情報をインターネットにて発信しています。
ぜひご覧ください。

日本僑報社 ホームページ

http://jp.duan.jp

日本僑報社 e-shop「DuanBooks」

https://duanbooks.myshopify.com/